部長って何だ！

丹羽宇一郎

講談社現代新書

2593

はじめに——部長ほどおもしろい職業はない

アップル創業者のスティーブ・ジョブズは、こんな言葉を残しています。

「創造性とは、ただモノを結びつけることだ」

この言葉に触れたとき、「あれ？　似たようなことを誰か言っていたな」と思いました。そう、イノベーション理論で知られる経済学者ヨーゼフ・シュンペーター（一八八三〜一九五〇年）です。

シュンペーターによれば、既存の要素を新しく結びつけることが新たな価値を生み出すきっかけとなります。例えばプリンターと電話を結びつけて生まれたのがファクシミリです。彼は生産要素を結合して新しい組み合わせでビジネスを創造するイノベーションを「新結合」と呼び、その担い手を「企業者」と呼びました。

では、会社の中で誰がこの企業者となりうるのか。

それが本書のテーマとなる「部長」です。

世の中にまったく新しい商品や画期的な組織経営などは滅多にありません。新しく見えても、実はほとんど過去の経験Aと経験Bを結びつけた「A＋B」であって全く別の「C」ではない。つまりポイントは、いかに多くの経験を蓄積しているかです。ジョブズいわく、

「創造をなし得たのは、他の人々よりも多くの経験をしたか、あるいはより多く自らの経験について考えたからだ」。

会社の役職で考えるなら、係長や課長ではまだまだ十分な経験を積んでいるとは言えません。役員クラスとなると、もはや現場の仕事には直接携わらない。イノベーションを起こし得るのは、入社から三〇年前後の豊富な経験を蓄えた部長クラスなのです。

私の例を挙げると、副社長だった一九九八年、会社始まって以来の巨額投資となったファミリーマートの買収を手掛けましたが、コンビニエンスストアそのものに着目したのは八〇年代後半の部長時代でした。

これは、商社の食料部門で生産から製造、流通、販売までを広く扱った経験、そしてアメリカ駐在時代に大量消費時代の到来を体感した経験が結びつき、「利益の根源はどこにあるのか」を考えた末の私のイノベーションでした。

仕事の基礎を身体に叩き込む新人時代から、会社の実働を担う部課長の時代へ。自分の

過去を振り返っても、多くの経験を蓄えるこの時期は全精力を仕事に注ぎ込み、今となって思えば、そのおもしろさと深みをたっぷり味わったと言えます。感動や興奮を共有した当時の仕事仲間や取引先を今も思い出します。

もちろん、部長といっても、大企業と中小企業では、その権限と責任は異なります。会社の制度や風土によっても違うでしょう。

しかし、会社生活における働き盛りの年代は企業の規模が異なっても変わりません。部下が五人でも三〇人でも部長は部長です。年齢から言えば三〇代後半から五〇代初めでしょうか。この時期に仕事の主軸が築かれ、人生の大きな柱が確立されます。つまり本人にとって決定的に重要な勝負どきです。

とりわけ部長は新商品の開発や新規事業の開拓だけにとどまらず、会社の将来を支える人材を育成するという重要な役割も担うだけに、そのやりがいは会社人生最大のものです。部長ほどおもしろい職業はそうそうありません。

一方で、部長ほどこわい職業もない、ということも言い添えておきます。部長の前には明るいと思われる道と普通の道が延びています。役員、社長へとつながる明るい道を歩める者は少なく、ほとんどは出世街道とは呼べない普通の道を歩みます。

つまり明るい道は狭く、普通の道は広い。明るくも暗くも狭くも広くもない三六〇度開けたまっさらな新入社員が「第一の人生」への入り口なら、部長は長い会社人生の最後の勝負となる「第二の人生」に直面するのです。

明るい道を歩んでいたと思ったら、いつの間にか普通の広い道になっていた――部長ほどおもしろくもあり、こわくもある職業はないのです。

この「現代新書シリーズ」で本書は私の三冊目の著書になります。一冊目の『仕事と心の流儀』では新入社員ら若い世代が仕事に向かう際の心得を伝え、二冊目の『社長って何だ!』は経営者をはじめとするリーダーについて考えました。

本書では、いわば経営陣と若手社員の中間に当たる課長から部長時代の仕事を中心に紹介し、人生を左右する重要な時期にビジネスや人材育成といった課題に対してどんな心構えと覚悟が必要なのかをお話しします。

新しいビジネスを創造した事例とともに、いま思い返しても赤面するほどの失敗した事例も今回は包み隠さず書きました。成功ばかりの人生などありえません。喜びや感動とともに苦悩や無念を味わうのがリアルな部長の姿です。そして失敗の経験もイノベーションを生み出す糧となりうるのです。

ポストコロナ時代、「グレート・リセット」と呼ばれる価値観の大転換期を迎えるなかで、私たちの働き方も大きく変わろうとしています。会社から離れた自宅などで仕事をするテレワークが一気に普及し、会社組織から離れて自由に働くギグワークも広がりつつあります。

とはいえ、いかに働き方が変わろうとも、仕事の本質は変わりません。大企業であろうが中小企業であろうが、部長のあなたでなければできない仕事は多く、それが会社の進む方向を左右し、あなたの人生をも動かします。

最高におもしろくも最高にこわくもある部長職は、いったいどんな可能性と課題を宿しているのでしょうか、第二のワクワクする人生が始まるかどうかは、まさにあなた次第です。これからその心構えをつづっていきたいと思います。

目次

第一章　仕事・読書・人が自分を磨く
――その道のプロフェッショナルになれ

第二章　部長時代の手痛い失敗
――新しいビジネスを創造する

第三章　会社のルールをぶっ壊せ
――ワンチームで乗り越える

第四章　上に立つ人間がすべきこと
——夢とビジョンを語れ

第一章

仕事・読書・人が自分を磨く

――その道のプロフェッショナルになれ

豆腐屋でにわか見習い

まずは部長に至るまで私がどんな経験を重ねてきたか、駆け出し時代から恥も外聞もなく振り返ってみることにします。年寄りの昔語りは、だいたい自慢話の繰り返しです。自画自賛、我田引水のエピソードに辟易とされるかもしれませんが、どうかご容赦ください。

サラリーマンは自分の担当分野に関してはプロフェッショナルになれ、というのが私の持論です。その分野に関しては、ほかの誰にも負けないくらいの情報と知識と自信を持たなければいけない。

「誰にも負けないくらいの自信を持つ」とは、すなわち「誰にも負けないくらい仕事をする」ということです。

その分野の専門家や代表者が言ったことではなく、自分が入手した最新の情報に基づいて自分なりに考え、自らが責任を持って判断を下す。独自の意見を提供できるようになれば、顧客は関心を持ってくれます。

といっても、一朝一夕にプロフェッショナルになれるわけではありません。そこに至るまでには、それ相応の時間と努力が必要です。サラリーマンの二〇代から三〇代は自分の専門分野を学び、知識と経験を積み重ねる時期なのです。

私もそうでしたが、新入社員は山ザルのようなもので、仕事のスキルもなければ、取引先との付き合い方もわかりません。いわば、まったくゼロからのスタートです。与えられた単純な仕事でも黙って文句を言わずにやる。ひたすら目の前の仕事をやり遂げるべく汗を流して努力する。

私の言い方だと「泥のように働く」。この時期に人生を切り開くために必要な仕事の基本を身体に覚えさせることです。

ここで身を粉にして働き、仕事の基礎を身体に叩き込んだ人は、のちに必ず伸びていきます。駆け出し時代に積み重ねた経験がその後の仕事と人生に役立った、という話をさまざまな分野の先輩諸氏からもよく聞かされました。

私が入社して最初に配属されたのは油脂部という、それまでには耳にしたこともないような食糧関係の部署、その中の大豆担当でした。そこからは食料畑一筋、プロフェッショナルになるべく自分なりの奮闘が始まったことになります。

大豆と聞いてまず思い浮かぶのが、節分の豆まきの豆と味噌汁の具の豆腐。日本人の食卓に欠かすことのできない食材です。

大豆問屋さんのすすめと紹介で、私は人知れず早朝から豆腐屋さんに出かけては、豆腐や油揚げの作り方を習い、問屋さんに豆の見分け方を教えてもらいました。にわか見習いか丁稚《でっち》ですが、楽しかった。そのうち、ひと目見ただけで「これは南方系の豆」「これは中国の豆」と判別できるようになりました。

当時、日本で最大の輸入品の一つが農産物であり、なかでも大豆は最大の売上高を占めていました。その大豆業界で私の会社はトップを争う輸入量を誇っていたので、しばらくして自分は日本人の食を担う大事な商品を扱っているという自負を持って取り組むようになりました。

新米でもベテランでも、懸命に仕事をすれば取引先に信頼を置いてもらえます。信頼されると、仕事を任せてもらえます。そうすると、さらにやる気が出てくる。取引先の方々にも恵まれて、自分の仕事にやりがいと充実感と自信を抱くようになってきました。

入社して数年、東京・三鷹の独身寮にいた頃は、仕事を早く覚えて次のステップに進もうと、粉骨砕身。まさに泥のように働きました。

日々戦場のニューヨーク時代

入社六年目、二九歳の時にニューヨークに赴任しました。私が本格的に仕事のおもしろみを感じるようになったのは、このアメリカ駐在時代です。

会社のニューヨーク食糧部では、大豆やとうもろこしなど穀物類の対日・対欧州輸出のほか、米や糖蜜などの輸出入を仲介する三国間貿易も行っていました。

私の仕事は大豆を買い付けて、日本をはじめノルウェーやデンマーク、ドイツ、オランダなどヨーロッパ各国に輸出するというものです。大豆の値段はけっこう高く、会社のニューヨークでの売り上げのうち、およそ四分の一はこの大豆でした。

猛烈な忙しさでした。時差があるので、土日も昼夜もないほどでした。同期の駐在員はアメリカ生活を家族と楽しんだりしているのに、アリのように仕事一筋の生活でした。ただ、このときの経験が課長や部長、そして社長になってからの大きな財産になりました。

当時の日記から「大豆マン」の一日を再現してみます。

大豆の買い付けは非常に値動きが荒く、売買も一秒を争うリスクの高い仕事です。ヨーロッパとは六〜七時間の時差があるため、向こうは昼でもこちらは早朝。朝六時には欧州からの電話でよくたたき起こされます。

自宅で日本、アジア、ヨーロッパの市場の動き、政治・経済のニュースを仕入れます。今日の大豆市場に影響するようなトピックスがなければ方針どおり午後の指示を出して、会社へ直行します。すでに会社の専用テレックスは忙しく動き、机の上は各店からの情報連絡の山です。

大豆相場の中心地、シカゴの穀物取引所がオープンする前の三〇分は、まさに戦場です。石油問題、通貨問題、各国の政治・経済上のさまざまな発言、金など国際商品全般の動き、ロシア、中国、ブラジルなど世界農産地の天候などなど情報の洪水。机の上で刻々と相場を伝える紙の山から目が離せず、トイレに行く間もありません。

「バカヤロー、何やってるんだ！」

言葉遣いも荒くなる緊張の時間です。

シカゴ取引所が開いてすぐに手持ちしている大豆の価格がどんと上がれば儲かりますが、下がれば大損です。誰も買ってくれなければ在庫を抱え込んでしまう。安いときに買い付けしたくても電話がつながらなかったりテレックスが切れたりすればそれで終わり、やっぱり大損します。

絶え間なく取引所の投機筋、大手業者の動きが電話連絡されます。欧州店にも米国各店にも、その後の動きをたどたどしい英語で尋ねます。昼食もなく、張り詰めた時間がテレタイプの音とともにあっという間に過ぎていきます。

ニューヨーク時間の午後二時一五分、シカゴの取引所がクローズ。今日の出来高を整理し、米国穀物商の連中と昼食に出るのは三時近くです。今日の戦績を振り返りつつ議論は続き、帰社は米国スタッフが帰り支度を始める午後五時に近い時間となります。再び机の上はテレタイプと電話メモの山です。

穀物メジャーの上級職員はそのまま帰宅し、夕食を家族揃って楽しむでしょうが、下っ端の仕事もする我々は顧客や友人と情報交換しなくてはなりません。家族揃っての夕食など考えたこともありません。アメリカ人女性が伴侶なら離婚されること必至でしょう。

「お宅のご主人は、昼の仕事のほかに夜の仕事もお持ちなんですか?」

そんなふうに、私のワイフがご近所さんから皮肉られるほどでした。

当時の駐在員のなかには、机にウイスキーを忍ばせている仲間もいました。遅くなってアメリカ人の社員が帰って日本人だけになると、おもむろにウイスキーを取り出します。オフィスに氷なんて気の利いたものはありません。ストレートでグイっとやって、

「明日はヨーロッパにこの数字を出して交渉しようや」

と打ち合わせをするのです。

さて、これを残業と呼ぶのかどうか。当時は決まった給料だけで残業代は出ませんでした。出世や給料など関係ありません。無邪気なもので、ただひたすら仕事に没頭していた気がします。

「誰にも負けない」という自負心が底力になる

土日もたびたび会社に出て仕事をしました。そうでもしない限り、追いつかないほどの仕事量でした。下積みの仕事と同時に自分本来の仕事もこなしていました。それだけ奮戦していれば、おのずとその姿は同僚にも上司にも伝わります。本社もそれを知って、「あいつは毎週、土日も会社に出て朝から晩まで仕事をしているようだ。部下を一人増員しよう」

となり、私としても「仕事量では誰にも負けない」という自負心と「身体はアフターファイブで壊れても仕事だけでは壊れない」という自信を持つことができました。

後になって気づいたのですが、この自負心と自信が仕事をするうえでの底力になりました。いざ苦境に直面したとき、自分を支える力になったのです。この時期にビジネスマンとしての基礎が培われたように思います。

食糧は安定供給が大事です。その責任を感じながら、私はとにかく仕事を早く仕上げて顧客に喜んでもらうことに仕事のやりがいを覚えるようになりました。

当時は世界の穀物情勢や大豆の情勢分析については、圧倒的に同業他社がデータを持っていました。データだけでは勝てない。だったら私はそれに負けない情報と分析力を持ち、大豆をはじめとする食糧分野のプロフェッショナルになろうとしました。

しかし、どうすればそうした専門的な力が身に付くのか。もともと農業を専門に学んだわけでも農業の技術者でもありません。

アメリカで農業の仕事をする場合、まず世界におけるアメリカの農業はどういう位置を占め、どの程度の影響力を持っているのか、それに対してアメリカ人はどういう考え方を持っているのかを知っておく必要があります。

私は農業に限定することなく、アメリカの産業、歴史、政治、文化などに関する本を片っぱしから買い込んでは読むようにしました。もともと本屋の息子です。読書は物心ついてから今に至るまで身に染み付いた習慣でもあります。口で言うほどうまく読み進みませんが、意欲だけは満ちていました。

なかでも啓発されたのは、アメリカの農業の歴史を記した全四巻、一冊四〇〇ページ近くに及ぶ原書『Agriculture in the United States : A Documentary History』です。新天地で農業を営む人々の生々しい生活実態に触れることができました。

取引先のトップと会うための近道

ふと疑問が生じたら、たとえ食事中でもすぐさま資料なり文献なりを取り出して調べることが長きにわたる習慣となりました。

事実はどうか。なぜそうなるのか。好奇心に突き動かされるまま未知の世界を探索する。こうした経験を重ねながらアメリカの農業に関わる事柄を学び、専門性を身に付けていきました。

しかしそれは結果論であり、当時は自分の専門性を高めることよりも、ただ業界の誰にも負けたくない、食糧関係の分野で一目置いてもらえる存在になりたい、という思いに突き動かされていたような気がします。

取引先のトップと会うための近道は、相手よりも重要な情報や専門知識を早くたくさん持っていることです。

「彼と話をするとおもしろい。仕事にもプラスになる」

そう評価するのは他人であり、自分ではありません。その評価を得るためには人一倍の努力が必要です。

依頼があれば、「国際食糧事情」といったテーマで講演をしたり、業界の動向について私なりに情報を集めて分析した原稿を新聞や雑誌に寄稿したりもするようになりました。

原稿を書くと当時、一五〇〜二〇〇ドルの原稿料をもらえました。一ドル三〇〇円の時代。四万五〇〇〇〜六万円といえば、日本にいれば当時の月給ほどの金額です。

学生時代から〝いける口〟だったので、原稿料の半分は仲間との飲み代に消えていきました。いつの間にか周りもそれを当てにするから、酒代のために寄稿しているようなものです。しかし残りの半分は農業に関する一次資料や各種の書籍のために使っていました。

私が日本の新聞や専門雑誌に依頼されて寄稿した記事を読んでいたのか、わざわざ「話を聞きたい」と見知らぬ業界の人が来社することもありました。やがて得意先の日本企業の社長さんや会長さんが訪米時に来社されるようになり、穀物事情や為替の状況、アメリカの現状についての意見を求められるようなこともありました。

本当のエリートとは

「同業他社に負けないプロフェッショナルになる」と書きましたが、自分の中にあったもう一つの思いは、「アメリカの一流ビジネスマンに負けてたまるか!」という負けん気と闘争心でした。会社から選ばれてニューヨークに駐在しているわけです。あらゆる分野で世界を制し、肩で風を切って働いている彼らに引けを取りたくない。

とても親しくなった友人に、アメリカの穀物メジャーのトップエリートがいました。私とほぼ同い年ですが、欧米のトップエリートは当時、三〇代半ばという若さでバイスプレジデント、日本でいえば課長クラスに就きます。

彼の自宅に招かれたことがありました。書斎に入ると、机の上にも床にも専門書や仕事の書類が所狭しと積み上がっていました。ガツンと頭を殴られたような衝撃を受けました。

なるほど、本当のエリートとはこうなのか。「アメリカ人は明るいうちに帰宅して、家族や子どものために過ごしている」という日本人が描くアメリカンドリームなんて真っ赤なウソで、空想の物語だったようです。

一流大学を出て一流の会社に入ったトップエリートは、われわれが普通に付き合っているビジネスマンとは違います。経営幹部ともなれば博士号を持っているような、まさに経営のプロフェッショナルもいます。

考えてみれば、一流企業のバイスプレジデントがそうやすやすと務まるはずなどないではないか。要するに彼らが早く帰宅するのは、家族団らんや自分の趣味のためだけではなく、勉強をするためでもあるのです。

一方、アメリカ駐在の日本人ビジネスマンと言えば、日本人同士の会食や日本からの客の接待、週末はゴルフに興じたりしていました。私自身は当初、ゴルフに近付きませんでしたが、自分の年齢でゴルフをしない社員は社内でもほんの数人でした。

「これじゃあ、仕事でも日本が勝てるわけがない」

目の覚める思いでした。

「日本人として絶対に負けるわけにはいかない。同い年のこいつらに負けてたまるか！」

そこから私の猛勉強が始まりました。サラリーマンとしての生き方が変わったと言ってもいいと思います。これは私がニューヨーク駐在時代に得た最大の果実の一つです。

穀物メジャーの幹部や社員とのつきあいは、重要な情報交換のルートになると同時に、その後の仕事に生かせる太い人脈にもなりました。

そんなふうに仕事を通してアメリカと九年間、濃密につきあった結果、日本人としてのアイデンティティーが確立したような気がします。

そうはいっても、いつの間にか水は低きに流れ、人は易きに流れるものです。日本に帰国したら、ゴルフと銀座が楽しくなって後はおろそかになる。「これはまずい」と反省しては仕切り直す。そんなことの繰り返しでした。

成果ゼロの飛び込み営業で得た教訓

ニューヨーク時代で今も鮮明に記憶しているのは、ニューヨークから、隣接するペンシルベニア州を通ってワシントンD.C.まで幹線道路に並ぶ工場や販売店に、日本の理研ビタミンのエキスと、不二製油（現・不二製油グループ本社）のチョコレート原料を飛び込みで売り歩いた経験です。

魚介類や肉の旨みを凝縮したエキスは、食品に使うことで独特のコクや風味を出すことができます。独自の抽出・濃縮技術を使ったエキス調味料を売り込むため、日本から理化学大辞典など大量の関連書籍を送ってもらって、にわか勉強の知識を頭に詰め込みました。

それでも自分の英語では専門的な話題にとても間に合いません。アメリカ人の食品化学の専門家にお願いして彼が運転する車に同乗し、飛び込みで「担当者や研究者に会いたい」と各社訪問にまわりました。

人脈もツテもありません。日本なら門前払いのところ、そこはアメリカです。この種の新商品を持参し、研究所開発部に直接現れる日本人ビジネスマンは初めてだったんでしょう。相手も「もしや」と期待して話を聞いてくれました。

ところが、日本の製造工程や食品衛生に関してはまだ信用が確立しておらず、同時に食品会社が配慮するユダヤ教の食戒律であるコーシャ認証についても我々が不勉強で疎かった時代です。

「(一定の)魚介類や肉からエキスを抽出する際に血が混じっていないか証明してほしい」

「その点は十分に配慮して搾り取ったエキスなので間違いありません」

「口ではいくらでも言える。とりあえず写真で製造工程をすべて見せてほしい。場合によっては私たちが現地に見にいきたい」

　専門家と連れ立って、食の安全を責務とするワシントンのＦＤＡ（米国食品医薬品局）詣でを何度も繰り返しました。その都度要求される各種のデータ・資料を提供し、努力の効あって、その後、日本の鰹エキスについてはＦＤＡの認証を得ることができました。

　エキスとともにアメリカで販路開拓に努めたのが、不二製油がパーム油から製造していたチョコレート用油脂、ココアバターの代替品です。ハーシーやマーシー、ジェネラル・フーズといったチョコレートを扱っている大会社を回りました。

「御社でもこのパーム油から作った代替品を使ってみませんか」

「それじゃあチョコレートとは呼べないだろう」

「いや、カカオ豆が不足して、今に世界は代替脂チョコの時代になります」

「うちが使っているのはカカオナッツとココアバター。チョコレートと呼称する以上、代替品は五％以内しか使えないよ」

　不二製油のお偉いさんを連れていくなどけっこう手間暇をかけましたが、なかなか契約には至りません。飛び込み営業開始直後の成果はほとんどゼロでした。

　考えてみれば、相手は世界有数の大企業。どこの馬の骨だかわからない日本人がいくら力説したところで、簡単にビジネスが成立するわけがありません。

しかし、勉強になりました。いくら商品がすぐれていて品質に自信があっても、それを熱心に紹介するだけではダメなのです。その商品の良さを実感してもらうため、例えば日本に招待して工場を見学してもらうとか、開発者に直接説明してもらうなどして手間暇をかけなければなりません。

利益を生む前の段階の販売経費に十分資金を投じなければ、果実は得られないということです。同時に費用対効果を考えるならば、多額の利益を生み出す商品を売らなければ、とてもビジネスにはならないということを実感しました。

いまから半世紀も前の、まぶしく懐かしい失敗談です。いまや両社ともに独自技術の開発を通じてグローバルに活躍する企業に成長しました。

勉強代と情報料はケチらない

一九七七年、入社一五年目にアメリカから日本に帰国して、油脂原料第一課長に就きました。三八歳。社内では最年少課長でした。

ニューヨーク時代の原稿執筆や講演のおかげで、帰国した時は業界ではすでに一部の方に名前が知られていました。アメリカで知遇を得た大企業の上層部の方からも可愛がっていただき、仕事の展開にうまくつながっていきました。

しかし、ここまではプロフェッショナルとなるための土台を作っていただけに過ぎません。自分の得た知識や経験だけでは、針の穴から世界を見ているようなものです。「愚者は経験に学び、賢者は歴史に学ぶ」。鉄血宰相の異名を持つドイツ帝国のオットー・フォン・ビスマルク（一八一五～一八九八年）の言葉です。

幅広い視点で自分の経験以上のものを習得しなければ、自分のわずかな料簡だけで世の中を測るようになっていきます。「おれはこんなに経験を積んだ」「こんなことも知っている」と夜郎自大になってしまいます。

情報を集め、分析し、発信していく努力を怠らないよう、帰国後も農業関係はもちろん、アメリカと名前のつく本は目に付いたものから買い込みました。翻訳書や専門書よりも、日本人が読まない海外の業界紙や専門誌、アメリカ農務省の資料を取り寄せて読むようにしました。

アメリカの図書館に手紙を書いて、アメリカ農業に関する絶版本のコピーを依頼したこともありました。経費も手間暇も要しますが、勉強と情報入手にかかるお金についてはケチってはいけません。

プロフェッショナルの条件である「独自の知識と分析」の土台となるのが、オリジナルデータです。データの孫引きはせずに、オリジナルデータを基に考えを組み立てる。資料については、必ず原典に当たるように努めました。

情報で重要なのは、その出どころです。誰がその情報を発信しているのか。アメリカの農業に関して言えば、最も大きな比重を占めるのが、前述した農務省の発表するデータです。あるいは農業専門の大学研究者は現場を実地調査しているため、農家も信用する新しいデータを持っています。これは日本の研究者と大きく異なる点です。

しかし、学者に負けないほどの情報を獲得するための勉強は長続きが難しく、他の企業や研究者から「その情報なら持っている」と言われることが、仕事内容の変化とともに増えるようになりました。先端を継続できなかったことは、いまでも本当に心残りです。

ただ、名前が売れて重宝したのは、わからないことや不確かな点があったときは、大学や研究所に直接電話して気軽に尋ねることができた点です。ありがたいことに、会社名と名前を名乗れば、懇切丁寧に教えていただくことができました。

議論で負けないコツ

ニューヨーク駐在中は、農務省データを基に毎日テレックスで大豆の相場の動きを文章にして伝える市場レポートを本社やイギリス、ドイツ、オランダなど他国に送信していました。日本ではそれを日本語に訳して午前中に顧客に配るサービスです。

私の課長時代には「大豆日報」のほか週に一回、世界の大豆市場の動向や生産量などを伝える「大豆週報」という相場情報誌を取引先に無料配布していたのですが、優秀な若い部下に恵まれたこともあり、顧客の評判も上々でした。

だったら大豆に限らず、小麦やトウモロコシも一緒に情報提供したらどうか。こうして何年も後になって生まれたのが、穀物の相場情報を一元化して、コンピューターでチャートに表したりした半期ごとの情報誌「コンコルド穀物情報」です(現在は季節ごとの発行)。

無料なので、もちろん商売にはなりません。しかし専門企業しか手がけていない情報提供のサービスは取引先には重宝がられました。

われわれが学者よりも有利な点は、こうした最新情報を持っていることでした。現場で日々仕事をしているため、アメリカ発のデータが原文で入手できます。

当時、国内の学者が持っていた情報は、翻訳の関係もあってほとんどが数年前のものでした。インターネットが普及した今では考えられませんが、変動の激しい業界でたとえば五年の差は決定的です。現在の仕事のためには現在の情報こそが命。五年前の情報を分析しても現場では役に立ちません。

当時、パネルディスカッションや対談で、食料を専門とする学者と議論する機会がありました。

「ちょっと待ってください。先生が今お話しされたのは五年前のデータです。こちらは現在の話をしているのです」

最新データを基にした分析・判断を展開すれば、議論に負けることはありませんでした。

すべては現場に宿る

オリジナルデータとともに、もう一つ重要なのは直接現場に当たるということです。ニューヨーク時代は毎年、穀物の収穫期には米国中西部の「ブレッドバスケット」と呼ばれる穀倉地帯を車で一日平均三〇〇マイル（約五〇〇キロ）、一週間かけて見て回り、自分の目で気象と農産物の実態を確かめました。行く先々では地元の農家だけでなく、データを持った大学や研究機関の専門家たちの話も聞いて回りました。

自分で現場に行って、自分の目で見る。これは以後、部長や社長、会長になっても、さらには国際連合世界食糧計画（ＷＦＰ）協会会長や中国大使になっても、私の仕事の基本となっていました。

新しい事業に乗り出すときにも、心すべきは下から上がってきたプランの実現性を判断するためにトップ自らが現場に赴くことです。

部長時代、部下がベトナムにおける米油事業のプランを上げてきました。米油は酸化の早い米糠《ぬか》から抽出される油で、ビタミン、ミネラルが豊富で加熱による酸化が起きにくい反面、精製工程が菜種油や大豆油に比べて手間がかかって比較的高価です。

「ベトナムはお米の国です。米はいくらでもあります。米油を安く生産できます」

「よし、そこまで言うのならベトナムへ行こう！」

ベトナムで新しいビジネスを始めるなら、現地の実態把握から始める必要があります。現地の田んぼに行くと、収穫した米を農夫らがモッコを担いで運んでいました。

米は脱穀したら米糠の酸化を防ぐため、できるだけ早く工場に運ぶ必要があります。しかし車で運ぼうにも道路が舗装されていません。商社が道路等インフラまで整備していては儲かるはずがありません。米油工場は望み薄です。

「米で麺を作ったらどうか」

「それならフォーと言って、もうあります」

「じゃあラーメンは？」

「小麦は政府がオーストラリアから買っています」

「原料が政府に握られていてはダメだ。しかしほかにアイデアはないのか。もっと考えろ」

そう言って帰国しました。

また、「中国でビジネス」と言っても、それは北京なのか、上海なのか、重慶なのかで話はまったく違ってきます。労働者はいるのか。水や電気は十分にあるのか。国土の面積だけでも日本の約二五倍です。道路も人材も概ねそろっている日本と同じように考えていると、大やけどします。

のちに社長になってからは、海外各店を全部回ろうとしました。社長のお出かけと言えば、ニューヨークやワシントン、パリといった花形都市が定番です。しかし、それでわかる海外の実情は限られています。アジア、アフリカ、ロシア……。「行こうじゃないか」と百数十ヵ国のうち一〇〇近くに出向きました。

「なるほど、おまえたちはこんな苦労をしているのか」

「きれいだと聞いていたけど、百聞は一見に如かずとはこのことだな」

現場に立って初めてわかる苦労や楽しみがあります。

もちろんリスクもあります。社長の訪問は初めてという南太平洋のパプアニューギニアに行ったときは、帰国した翌日に私が泊まった唯一のホテルにテロリストが押し入りました。危機一髪のところで命拾いです。しばらくしたら、現地の事務所長がマラリアにかかり、日本の大学病院に入院して九死に一生を得ました。

二〇一〇年から二年半務めた中国大使時代は、国境近くの僻地を含めて中国各地を歩き、食料事情、人口増加、環境汚染の実情を見て回りました。中央や地方の要人たちと農業政策や環境政策について意見を交換し、人口一四億人を抱えるこの大国が世界の政治経済だけでなく、地球環境に与える影響の大きさを実感しました。

インターネットの普及によって情報が手軽に入手できる時代です。しかし、それで現実を知った気になるのが一番危険です。ネットで得られる情報はごく一部、しかも偏っている可能性があります。現場に立って初めてわかることのほうがはるかに多く、また貴重です。すべては現場に宿る。そこは変わりません。

働き盛りに取り組んだこと

課長に就いた翌年から、アメリカの風土と歴史をひもといて文章にまとめた業界誌連載を始めました。

まず農業の発展の歩みを記した『アメリカ農業小史』を月刊誌「商品先物市場」(投資日報社)の一九七八年八月号から一九七九年一一月号まで連載しました。独自に入手した資料を翻訳し、自分が重要と思った史実とデータをまとめて私なりのストーリーに編んだものです。

本書の執筆にあたり、あらためて手に取ってみると、「新世界への植民」「拡大する植民と農業経済」「困窮と闘う開拓農民」「植民地から農業国家への歩み」「世界大戦／大恐慌／ニューディール」といったタイトルで、全一六回。合わせると、単行本一冊分の分量になります。

各回に実態を示す図表を掲載しました。「各州の開拓改良面積表」「農業労働者の賃金表」「州別降雨量、月別主産地平均気温」「農業労働者の生産性の推移」……。なかには一八五〇年代の「アメリカ南部の奴隷売買値段」を示した表もあります。「最優秀男子（18〜25歳）」１２００〜１３００ドル。「普通男子（同）」９５０〜１０５０ドル。「少年」背丈ごとに３７５〜８００ドル。「若い女性」８００〜１０００ドル。「女性」背丈ごとに３５０〜８５０ドル。

大昔の話ではありません。こうした数字を見ていると、現在のアメリカにおける黒人差別がいかに身近で根深い問題か、あらためて思い知らされます。

『アメリカ農業小史』に次いで始めたのが、アメリカ全州の歴史を農業に焦点を当ててつづった『アメリカ農業風土記』です。月刊誌「Feed Trade」（飼料輸出入協議会）の一九八〇年四月号から一九八四年八月号に連載しました。

アメリカは農業大国です。広大な国土の異なる気候・風土によって小麦、とうもろこし、大豆、綿花とさまざまな農作物を生産してきた歴史があります。

第一回「落花生とニワトリの国＝ジョージア州」から「トウモロコシと豚―米国農業の心臓部＝アイオア州」「豊富な地下水による収穫革命＝ネブラスカ州」「大平原の奇跡―全米一の肥育牛産業＝テキサス州」……書きも書いたり全四二回。全部合わせれば、今あなたがお持ちの新書三冊分ほどの分量になるでしょう。

本業の仕事も飲みニケーションもフル回転の時期です。われながらよくやったものだと思います。四〇歳前後、まさに働き盛りでした。

末尾に記した私の肩書は「伊藤忠商事（株）・油脂部アメリカ研究会」あるいは「伊藤忠商事株式会社飼料原料部アメリカ研究会」。いかにもそれふうの看板です。「研究会」のメンバー名は記していませんが、男女含め若い部下が手伝ってくれていたはずです。

その他、月刊誌に寄稿した論考のタイトルは「80年代の食糧危機を考える」「70年代の石油・80年代は食糧だ」「対ソ穀物禁輸の功罪―神話に過ぎなかった食糧武器論」。タイトルから当時の国際的な穀物事情が窺えます。

一般の新聞紙には食糧配分の安全保障を考える時期が来ているとして「食糧輸出入国会議」の開催を呼びかける原稿を寄せました。月刊誌の書評欄に選んだのは、レイチェル・カーソン（一九〇七～一九六四年）の『沈黙の春』。この頃から食糧問題を通じて環境問題に並々ならぬ関心がありました。

寄稿や講演は会社の業績や名声につながる

メディアへの寄稿や連載を通じて名前が知られるようになり、食料に関わる講演や会議、ラジオ番組などに引っ張りだされ、私自身も声をかけられれば積極的に出かけていきました。

当時のレジュメを基に演題の一部を記すと、「大豆を中心にした穀物市況の展望」「豊作下のアメリカ農業」「大豆取引の実態　大豆相場をどうみるか」。最新データを正確に紹介するため、A4で三〇～四〇枚のレジュメを書いて講演に臨みました。

東大大学院から依頼されて連続講義の一つを受け持ったこともありました。一九八三年のことでした。テーマは「世界穀物需給とアメリカの地位」「日本の穀物業界の概略と実情」「アメリカ穀物価格と流通形態」「世界穀物・食糧の将来と問題点」。

こうして社外で活動する機会が増えると、当然、社内で席を不在にすることが多くなります。上司なり他の部課長が所用で訪ねてきたときは、

「なんだ、あいつはまたいないのか」

「席にもいないで、どこに行っているんだ？」

となります。部下たちは正直に「講演に出かけています」「ラジオの商品相場番組に出演中です」とは言えず、かといってウソもつけずに戸惑っていたようです。

「仕事関係で出先に呼ばれたみたいですよ」

一方で私は上司や同僚になんと言われようと、まったく意に介しませんでした。ルーティンの仕事は私がいてもいなくても回ります。デスクに座って細かく指示する必要はなく、すべて部下に任せていました。肝心なことは後で報告してもらえばいい。部下にしてもそのほうが仕事がしやすいはずです。

社外での活動は会社の業績や名声にもつながる、と私は考えていました。実際、大げさなことを言うようですが、

「この分野の情報について日本人が日本語で読むには、世界広しといえども伊藤忠が一番信用できる」。

そうした評価を取引先や業界から得るようになってきました。また、まだ外国語を敬遠する時代でしたので、取引先の役員や幹部からは、いろいろと声がかかるようになります。

「君は英語ができるから、これちょっと翻訳してみてよ」

「取締役会の報告に向けて最新データを入れた草稿案を書いてくれないか？」

お客さんへのサービスと思って喜んで引き受けているうちに、仕事の取り引きの件で声をかけられるようにもなりました。

政官財学の人脈の重要性

商社は消費者向けのメーカーではないので、一般の方々とはさほど縁がありません。また商社と言えば、当時は三井物産、三菱商事、住友商事といった旧財閥系を指し、新聞や雑誌を見ても伊藤忠のいの字も出てきませんでした。

私自身、田舎者ということもありますが、就職活動のときは「伊藤忠って何やってる会社？」というほどでした。

その会社で働く者としてこれは悔しい。ニューヨーク時代から雑誌や新聞に寄稿してきた目的の一つは、とにかく自分の会社の知名度を上げることでした。知名度が上がれば優秀な人材が集まります。人材が集まれば業績も上がって、さらに知名度が上がるという好循環をつくることができるはずです。

その延長にあるのが人脈づくりです。

商社はあらゆる業種や階層とのつきあいを通じて情報を入手し、新たな発想を取り入れてビジネスに生かす必要があります。企業人や事業家、技術者ばかりではなく、学者、ジャーナリスト、文化人、組合幹部、なかでも国の政策や規制を司る官僚や政治家は重要です。

ところが、そもそも商社には防疫関係以外、監督官庁がなく、私の知る限りでは行政から補助金を受け取る関係にもないため、政治家や役人とやりとりする蓄積がありません。商社と役人との関係は財閥系に限られ、私が社長になるまで経済団体を除き、会社と行政との関係は事務担当者以外ゼロに近かったと思います。

時間はかかりましたが、私は意識して、組織としての人脈を広げていきました。会長時代の二〇〇六年から第一次安倍内閣と福田内閣の経済財政諮問会議の民間議員を務め、政府の地方分権改革推進委員会の委員長をはじめとして行政に関連する組織の要職を引き受けた理由の一つはそこにありました。

その甲斐あってようやく個人的関係ではない、行政とのパイプが作られ、伊藤忠の名前がメディアにも出るようになりました。その延長で二〇一〇年から二年半、民間出身者として初の中国大使を務めることになります。

すべて会社としては初めての経験でしたが、社内に新しい風を呼び入れ、会社の幅を広げる力になったのではないでしょうか。

上司と部下、先輩と後輩という社内における縦の関係とともに、会社を中心に広がる横の関係から、それまでとはまったく異なる発想を取り入れることができます。それはビジネスマンとしての肥やしにも人間としての栄養分にもなります。両者を切り分けることはできません。

失敗から何を学ぶか

振り返れば、若いころに上司とお酒を飲んでいて、何が勉強になったかと言えば、上司が自嘲気味に、あるいは涙ながらに語ってくれた失敗談でした。

トルストイ（一八二八～一九一〇年）の「幸福な家庭はどれも似たものだが、不幸な家庭はいずれもそれぞれに不幸なものだ」（『アンナ・カレーニナ』）になぞらえて言えば、成功した話はどれも似たものだが、失敗した話はいずれもそれぞれに違う失敗をしているものです。

何を「失敗」と感じるかは、人それぞれでしょう。自分のことで言えば、たとえ会社が損失を被ってもそれが小さなもので、人さまの役にも立ったのならば決して失敗とは思いません。「おれはもうダメだ」と自信を失うこともないでしょう。そのことを通じて相手と信頼関係が築けたのならば、それはむしろ得がたい財産です。

しかし、逆に自分のしたことで相手が苦しんだり悲しんだりしたのなら、それは一生、心の傷として残ると思います。心の傷を抱えたまま人生を終えたくはありません。私の発想と行動の底には、いつもそんな思いが横たわっています。

失敗から何を学ぶか。それが当人の人生を左右するように思います。

一九八一年、ポール・サーノフ著『シルバー・ウォー』を日本経済新聞社から翻訳出版しました。その本の内容も壮大な失敗談です。

「シルバー・ウォー」って「老人たちの闘い」？　違います。文字通り「銀戦争」。サブタイトルに「実録「ハント銀投機事件」」とあります。

一九七九年一月に一オンス六ドルだった銀相場が、翌八〇年一月にはおよそ八倍の五〇ドルへと高騰し、しかしそのわずか二ヵ月後に一〇ドル台に暴落した事件を指します。この背景にはいったい何があったのか。銀相場の内幕を明らかにしたノンフィクションです。

この原書を私が読んだのは一九八〇年の四月、太平洋上の機中でした。著者をよく知るニューヨーク時代のアメリカ人の友人が、私が帰国する際に手渡してくれたのです。さっそく機内で読み始めると、これが実におもしろい。

石油事業で蓄えた資金力を背景に、銀を買い占めて巨万の富を手にしたハント兄弟。ところが銀相場は史上最大の暴落を記録して、ウォール街は大パニックとなる。金銀市場の総本山、ニューヨーク・コメックス（商品取引所）を舞台に、ダラス、サウジアラビア、スイスの投機家たちが虚虚実実の駆け引きを繰り広げます。

有頂天になった相場師が、一瞬のうちに奈落の底に突き落とされる。そのときの人間心理。相場商品の代表たる大豆を扱っていた私には血湧き肉躍るおもしろさでした。と同時に、

「なるほど。大儲けしていい気になっていると、こういう憂き目を見るわけだ」

とハント兄弟を他山の石とするよう肝に銘じました。

著者のサーノフ氏は市場における銀取引の実際や相場の決定要因なども幅広く解説しており、世界を代表する先物取引市場へと発展したニューヨーク・コメックスの取引の仕組みを理解する上でも大変勉強になりました。

週末と夏休みを返上してやったこと

読み終えてすぐに日本経済新聞の幹部に出版をすすめると、

「それほどおもしろいなら、あなた自身の手でぜひ訳していただけませんか」

と逆に翻訳を頼まれる羽目に陥りました。一介の商社課長が翻訳するのは出すぎた真似だと思いましたが、推薦した手前、引っ込みもつかず、引き受けたはいいものの、そこか

らがてんやわんやでした。

一人では到底時間も力もなく、英検一級のワイフと同僚の近藤勇雄君との三人で手分けして翻訳し、最後は私が文体を統一しました。

仕事でしこたまお酒を飲んで帰った後も、夜遅くまで辞書とにらめっこしながら英文と取っ組み合いです。週末、夏休み中も閉じこもりっきり。いくら調べても意味のよくわからない単語がいくつかあり、アメリカ出張中に著者に直接確認しに行ったこともありました。

本文には「銀スプレッド（値ザヤ取引）の「すべからず集」」と題して株取引の禁じ手を記しています。これは今も通用する警句です。すなわち——。

・銀スプレッドに伴うメリットと危険が十分理解できないならば、スプレッドには手を出すな。
・同一市場内スプレッドで始めるのはよいが、儲けようと思って他のスプレッドに手を出すのはやめよ。
・自分のしている操作を十分理解していたり、適切な助言を与えてくれる者がいればよいが、なんのためにどんな方法をとっているかが完全に理解できていないならば、スプレッドはするな。
・過量のスプレッドはするな。銀スプレッドで儲かり始めても、とことんまでやろうなどとは思うな。最初で損をしたら深追いするな。

「ハント銀投機事件」が起こったのが一九八〇年一月。年内に原書が上梓され、翌八一年一一月の翻訳出版ですから、なかなかのスピード出版です。

書評も掲載されて、この手の本としてはよく売れました。受け取った印税は自家用車カローラの購入に充てました。

読書が人間力を養う

部課長時代、仕事は多忙を極めましたが、それでも毎朝一時間ほどの電車通勤の時間を使ったり睡眠時間を削ったりして、読書の時間を必ずつくり出しました。自分の専門はもちろんのこと、経済・社会関係を中心に週三冊のペースで年間一五〇冊ぐらいをめどに読んでいました。

ところが、車内読書のしすぎで軽い乱視になり、ドクターストップが出ました。仕方なく、英会話のリスニングに切り替えたものの、これも耳にあまり良くないらしい。多少乱視になったとしても貴重な時間を無駄に過ごすわけにはいかない。「健康より読書だ」。再び車内読書を始めました。

読書量が人間力を養うというのが持論です。それもただ単に読むだけではなく、そこから何を心に刻んだか、その質が問われます。課長時代の読書ノートからアトランダムに挙げてみると――。

P・F・ドラッカー（一九〇九～二〇〇五年）が著した『新しい現実―政治、経済、ビジネス、社会、世界観はどう変わるか』をはじめ、霍見《つるみ》芳浩著『怒れるアメリカ―日本の企業戦略再点検』、牧野昇著『緊急直言・未来産業を見誤っていないか』。

本の中で重要だと思った箇所は書き写すようにしていました。「勝ち負けがどちらか一方に偏るような行動は、最後には必ず両者共倒れの負け」（K・ブランチャード、N・V・ピール著『人間的経営の力――自己と企業の成長哲学』）、「暴力、富、知識のパワーの中で嫉妬が起きていく」（J・J・セルバン＝シュレベール著『アメリカの挑戦』）。

経済評論家の高橋亀吉（一八九一～一九七七年）が著した日本経済史に関する作品群も手に取りました。『大正昭和財界変動史』『日本近代経済形成史』『日本近代経済発達史』（各全三巻）、『昭和金融恐慌史』……。江戸期から明治、大正、昭和まで日本の経済がいかに発展してきたかを実証的に裏付けた大作です。

国会図書館に通って新聞記事をはじめとする記録資料から日本経済の変動を示すデータを丹念に拾い上げ、考察を進めた貴重な仕事です。一次情報を中心にして事実を記しています。日本はなぜ戦争に突入していったか、そのとき経済はどうだったか、今後どうなっていくのか、興味深く読み進めました。

文字がぎっちり詰まった一冊数千円、数百ページに及ぶ研究書を今読めと言われても、そんな気力はありません。当時は多少の睡眠時間を削ってでも、虚仮《こけ》の一念で読み通しました。やはり本はそうした好奇心と情熱があるときに読むべきです。後回しにすれば結局、読む機会を逸してしまいます。

「どうやって儲けるか」より大切なこと

日本では「専門を極めたスペシャリストは出世しにくい」という見方があります。要するに、限られた分野の仕事をしていた人間に、いきなり経営全般をやらせるのは難しいのではないか、という指摘です。

私は決してそうは思いません。

仕事のやり方というのは、分野が異なっても、そう大きく変わることはありません。会社に応じた与信や顧客の創出などは、ある業界のプロフェッショナルであれば、あらゆる業界に通用します。

一芸に秀でたるもの、つまり一つの業界でプロフェッショナルになる能力を持った人間は、本社の管理部門に来れば他の業界についても十分掌握できるでしょう。

それぞれの部署が管轄するすべての業界を知らずして会社の舵取りができないとすると、経営者になど誰もなれません。各分野の仕事をすべて掌握しようとするうちに、あっという間に引退の時期がやってきます。

一つの仕事を極めれば、他の分野にも応用できる。優れたスペシャリストこそ優れたジェネラリストになれる、というのが私の基本的な考えです。

そもそも経営とは、実務を行うこととは異質なものです。経営は個々バラバラにお金の調達や商品の販売促進を考えることとは根本的に異なるのです。

経営者にとって大切なのは、「どうやって儲けるか」よりも経営管理、すなわち人を動かす力、組織を改革する力です。こうした能力が備わってこそ経営のプロフェッショナルと言えるのです。

スペシャリストとしての基礎がない人間は良いジェネラリストにはなりにくいものです。

世界のあちこちから最新の情報を集めて分析し、対象分野がどちらの方向に向かっているかを見極め、責任を持って自分なりの判断や決断を下す。

そうしたスペシャリストとしての能力は、部長になっても社長になっても求められます。対象が特定の専門分野から会社全体、業界全体になっただけです。私に経営者が務まったのは、専門分野での体験で築いた幾多の基礎があったからとも言えます。

さらに言えば、スペシャリストになるためには、一方で多分野にわたる勉強をしなければなりません。裾野を広くしていくことで初めて山は高くなります。異なる分野を渉猟していくことで、自分の専門分野での能力がワンランク上がるのです。

要するに、ジェネラリストのほうがスペシャリストとしても力が発揮できるということです。そしてジェネラリストになるためには、「仕事」「読書」「人」の三位一体で裾野を広げ、自分を磨いていく。それ以外の方法はありません。

第二章　部長時代の手痛い失敗

——新しいビジネスを創造する

利益の根源に迫れ

ひと昔前の商社は、流通の卸売り業者として口銭（手数料）ベースの仕事をするものだと思われていました。すなわち売り手と買い手の発注を仲介するという「仲介料商売」です。

例えば大手鉄鋼メーカーが海外から石炭を仕入れる場合、メーカーが値決めをして商社は通訳や事務手続きの手伝いをして、その手数料をいただく。

為替にしても、当時はメーカーが商社に為替予約を依頼して、商社はこの依頼に基づき銀行に為替予約を行う。商社から見れば、売り買いともにメーカーと同じ為替レートとなるので、為替リスクを負担しなくてもよかったのです。

自分の力でモノを開発するわけではなく、リスクもほとんどとらない仕事です。自らの権限と責任で投資して、会社がつぶれたらすべての投資が無駄になるという仕事はほとんどありませんでした。

だから、お得意のメーカーさんには平身低頭、もみ手すり手でお付き合いです。お得意さんの部長とゴルフをするときも、まずこちらから車でお迎えに行き、ゴルフ場までお連れするという世界。これが商社マンの偽らざる姿で、私が属していた油脂部も圧倒的に口銭商売でした。

ところが、私が入社したころから、もはやそんな時代ではなくなりつつありました。加えて、ニューヨークにいたころから〝相場商人〟だった私に言わせれば、リスクをとって収益の源を確保する仕事をしてこそ真の商社マンだとの意識が出始めたのです。

「いつまでも、右から左へモノを売って口銭をもらうなんて冗談じゃない。口先ではなく、自分で仕事を作って稼いでいかなければ商社の未来はない。今に見ていろ！」

若いころからそんな思いが芽生えていました。技術革新や経済環境の変化を見据え、時代の流れに応じてどんどん構造改革を進め、自ら働きかけて新しいビジネス、新しい商品を創造する。そのためのパイロット的な役割が商社にはあるはずです。

それに加えて商社が持っている最大の強みは、投資会社的、あるいは投資銀行的な機能です。すなわち将来、業績を上げそうな企業を買収した後、その企業の経営に関与することで事業価値を高める。時を得れば、企業を再び売却することで利益を得るという商売です。

従来型の口銭商売と決別して、新しいビジネスをつくっていく。あるいは投資をしてビジネスを育てる方向に転じていく。そんな攻めのビジネスを展開して利益の根源に迫っていかなければ商社の未来はない。

その発想は、私が部長時代に着目し、のちに副社長になってから手掛けたファミリーマート買収という形につながることになります。

部長の最大の仕事は大学教授における研究と教育、つまり事業の推進と人材の育成です。以下、紹介する事業例は私の若い時代のものも含まれていますが、私のことというよりもむしろ実際の現場を仕切っていた部長や課長の話としてお読みいただければと思います。

情熱と説得で上司は動き事態は進む

アメリカから日本に帰国して課長に就いたのは、一九七七年のことでした。会社の成長に伴い、人手不足もあったのでしょう。伊藤忠には若くても役職に就かせるという空気がありました。

業界の課長クラスが集まる会合などに出席すると、周りはだいたい四〇代の後半なので、一人若造が交じって対等に発言していたわけです。

「あいつ、いっぱしのことをしゃべっているけど、うちの係長くらいの年齢じゃないか」

おそらくそんな目で見られていたと思いますが、私は露ほども気にしませんでした。

「仕事をするのに年齢や肩書なんて関係あるものか。専門分野については、おれのほうが絶対にくわしいはずだ」

今思えば冷や汗ものですが、負けん気と鼻っ柱だけは人一倍強かったのです。対外的な会合だけではなく、課長の立場にありながら、実質的にはそれ以上の仕事をしていました。つまり部長の責任と権限で決済するような仕事も切り盛りしていたということです。

それには会社の社風が大きく関係していたと思います。総合商社としては老舗ですが、世間に「野武士集団」と評されたように、いわゆる財閥系の商社と比べて社員が個性的で、自由闊達な空気がありました。

もちろん一定の範囲ではありますが、若手社員にどんどん仕事を任せます。私のニューヨーク時代も前例や部署に縛られず、自分の判断で仕事をつくっていくことができました。

言われたことを言われたとおりにやっていれば、苦労はないかもしれません。しかし、それじゃちっともおもしろくないじゃありませんか。

仕事の範囲を自ら決めてしまえば、大きな獲物を捕まえることはできません。まず自分に与えられた権限を使って仕事をする。さらに現場での経験を基に、自分の仕事の範囲を広げていく。

自分の権限ではなくても、上司に意見具申することで、その領域を広げていけばいいのです。私は自分の権限の及ばない案件があれば、理論と現場経験によって部長と一緒に仕事をしていました。

たとえば、ある仕事でかなりの利益を上げたときに、支援をいただいた問屋さんに「販売奨励金」として、課長だった私の独断で小切手をお届けしたことがありました。管理部門からは、

「そんな制度はない」と叱られましたが、

「それなら新たに制度をつくればいいじゃないですか」

と逆に説得して「特別奨励金制度」を認めてもらったことがあります。

情熱と説得力があれば、上司が動いて事態は前に進みます。そこが仕事のおもしろいところです。そして、たとえ前例がなくても、合理性があればそれを認めるのは上司たる部長の仕事です。

課長時代に直面した「事件」

「新しいビジネスの創造」の具体的な成果として最大の仕事が、世界最大の穀物メジャーである米国カーギル社との穀物エレベーターに関する業務提携でした。そのことを話す

前に、課長時代に大豆輸入をめぐるちょっとした「事件」があったので、紹介しておきます。

大豆を輸入する輸送船に時々起こるのは、大きな波の揺れで大豆が摩擦燃焼を起こしてしまうトラブルです。保険に入っていれば、これはカバーできます。

ところが、ある時、予想外に大きな事故に拡大してしまいました。高温だったためか換気装置の問題との見方もありましたが、これは保険で求償できないケースだというのです。このままでは大損害です。

とりあえず責任を明確にするため、原因を突き止めなければなりません。ところが、大豆を積んだままの輸送船が突然、日本の港から出港してしまいました。行く先は杳《よう》として不明。このままだと証拠が隠滅されかねません。三週間ほどしてカナダのバンクーバーに寄港したことがわかり、担当の部下が現地に直行しました。

チャーターした水上飛行機で停泊区域を回って船を見つけ、小型船で乗りつけて、船内の写真を撮れるだけ撮りました。そのうちの一枚が偶然、船会社の過失を示す決定打となって、結局、船会社から九五％の高率で資金を回収することができました。

ところが、新たな面倒が生じました。大豆の損害品は買取業者を経由して関西の業者に売却されました。これが契約通り飼料や肥料になるなら問題はありませんが、横流しされて食用に転用されでもしたら、会社の信用問題に関わります。

調査のため現地に飛んだ部下の報告によると、その業者がどうもうさん臭い。早々、その業者から私に脅迫まがいの電話がかかってきました。

「おたくの部下が昨日、うちに来たよ。いろいろ嗅ぎ回ってこっちを犯罪者扱いだ。こっちにも料簡がある。おたくの会社に筵旗《むしろばた》を立てて押しかけてやろうか」

調べてみると、指定地域とは異なる場所に運んで高値で転売されていました。これはまずい。さっそく、社内の業務、法務、保険の管理部門を含む関係部署の責任者全員を集めて対策会議が開かれました。

「不正を許しては絶対いかん。徹底的にやれ！」

私も血気盛んでした。ところが相手方は代議士までが出張ってきて、会社に圧力をかけてきました。社内からも「この件からは手を引け」との〝助言〟があちこちから寄せられます。挙げ句は会社の最高幹部筋からのお達しで、結局、そのまま目をつぶり、沙汰止みとなりました。

「自分の権限の及ばない案件も、理論と現場経験によって上司を説得しろ」などと威勢のいいことを書きましたが、いくら正義がこちらにあったにしても、会社として下した決定には是非もなし、従わざるを得ません。

この事件は、いわば日本社会の裏側を垣間見た経験という意味では学ぶところ大でした。一方、アメリカ・バトンルージュに出入りしていた時代に港湾労働者の裏側をのぞいたことも、後に大いに役立ちました。次に述べる穀物エレベーターをめぐる業務提携の際に参考になったのです。

メンツにこだわらない

世界最大の穀物メジャーたるカーギル社と業務提携を結んだのは一九八一年、仕事の脂の乗る油脂部長代行の頃でした。

当時、世界の食糧宝庫のアメリカで穀物メジャーが保有する穀物エレベーターを日本の総合商社がこぞって建設・買収していました。穀物エレベーターとは想像を絶するほど大量(バルク)の穀物を集荷・積出する倉庫のことで、こうした施設はニューオーリンズやバトンルージュといった農業地帯の港湾や中小河川の沿岸に広がっています。

エレベーターを持っていれば、在庫量を操作して穀物の相場変動リスクをある程度ヘッジすることができ、積極的な事業展開が図れます。その動きに出遅れていたため、取引先や上層部から「わが社はどうした?」という声がしきりに寄せられていました。

しかし、初めからこの事業に手を出すことには賛成ではありませんでした。というのも、港湾に日本の運搬船が入るとき、大豆の積み込み現場に出入りして、そこで働く港湾労働者の仕事ぶりをこの目で見てきたからです。

まず彼らの使うアメリカ南部独特の英語がよくわかりません。でも私は連中とアメリカンフットボールの試合の賭けを通じて付き合っていて、毎週末になると電話がかかってきました。

「おい、丹羽、今度はどっちが勝つと思う？　君はニューヨーク・ジェッツだろうが、おれはミネソタ・バイキングスに賭けるぜ」

そんな付き合いを通じて、アメリカ社会の裏側を覗いてきました。穀物エレベーターの保有は、ただ単に保管倉庫の確保だけでなく、穀物の中間流通を担うことを意味します。どの世界にも大なり小なりあることですが、そこは利権が深く絡み、我々の知らない組織が動く世界でした。外国の企業が簡単に入り込めるような紳士的なビジネスではありません。現にヨーロッパの企業が過去、この市場に参入するも、何社かが撤退していました。

さらに世界的に穀物需要が減退してエレベーター過剰の傾向がありました。その後、穀物エレベーターを取得した日本企業も結局、ほとんどが撤退することになるのです。

そんな現地事情や国際動向もよく知らずに、上層部からは「わが社はどうした」と相変わらず矢のような催促が来ます。のちに私は専門誌にペンネームで寄せたコラムで、当時の上司への憤懣やるかたない思いをぶつけています。

「穀物の世界を知っている男なら、今エレベーターなどに巨額な投資をしても儲かる目処のつかないことはよく判っているはずだ。殿様商法が出来る国鉄でもあるまいに、無駄な金をみんなでアメリカに捨てに行くのだから呆れる。見通しのつかないものにメンツだけにこだわることはない。引き際が大事なのは何も社長の引退だけではない。事業こそそうだ。エレベーター業なぞやりたい奴らにやらせておけばいいのだ。金持会社の道楽老年に付き合うのもいい加減にせい！」（「商品先物市場」一九八二年八月号コラム「毒舌」）

四〇代のころから私は「老人は若者に権力の座を譲れ」という「老人退場論」「老人パージ論」を激しい口調で説いています。今に至るまでその意見に変わりはありません。

リスクを回避しノウハウを学べ

さて、とはいえ社命は社命です。なんとかしなければなりません。

穀物エレベーターの建設費用は非常に高く、アメリカ国内の穀物流通体制を作るには、大変な時間と手間とお金がかかります。

単独でエレベーターを取得するよりも、穀物取引商のエレベーターをわが社でも使えるよう提携したほうがいい。他の商社のように自らエレベーターを保有せず、必要な時に使用料を支払うかたちでの提携です。これならさまざまなリスクを回避できます。

「いっそ世界最大のカーギルと交渉してみてはどうだろうか」

カーギル社と伊藤忠は三〇年以上も前から取引関係があり、穀物の買い手として私企業では最大でした。

このとき大いに助けとなってくれたのが、ニューヨーク時代につきあいのあったカーギル社の友人でした。少し年上の彼とは一〇年以上の公私にわたる親交があり、当時、彼はすでに役員になっていました。

友人が来日した夜に熱海の温泉でもてなした後、東京行きの新幹線の車内で契約について内容を話し合いました。

しかし、会社にとって最も大切なことはエレベーターの使用以上にアメリカの穀物流通の仕組みや近代農業事情をカーギルから学ぶことです。カーギルは市場を左右する影響力もさることながら、ノウハウの蓄積量、情報収集力がケタ違いでした。

農業中心地にあるカーギルの事務所に、自社のアメリカ子会社からトレーニー(研修生)を派遣して穀物取引のノウハウを学ばせました。いずれも三〇代後半の働き盛りです。

いわば世界一の穀物メジャーに弟子入りさせる一方、我々は業務提携契約の内容を詰め、東京から来た幹部役員とともにカーギル本社のあるミネアポリスで正式に契約を結びました。世界最大の穀物メジャーとの全面的な業務提携です。

カーギル社が東海岸、西海岸、メキシコ湾や国内農業基地に保有する無数の穀物エレベーターを必要に応じて長期使用する権利を持つほか、内陸部での穀物取引やミシシッピー大河の運搬分野でも相互に協力するという内容でした。こうしたビジネスモデルは業界初、しかも相手は世界一の穀物メジャーです。

このニュースは発表の翌日、日本経済新聞が一九八一年一〇月の紙面で報道し、その後、穀物メジャーとの連携を取材した三回続きの特集記事が新聞連載されました。

部長時代の手痛い失敗

新しいビジネスに乗り出すには、常にリスクはつきものです。失敗を覚悟しなければなりません。私もバブル時代に手痛い失敗を経験しました。サラリーマンとして自ら会社を設立した、無謀とも言うべき体験です。

企画管理部（現・経営企画部）の部長時代のことです。商社として新しい業態に挑戦しました。サントリー、上島珈琲（UCC）と共同出資して、新しくコーヒーパブを都内に展開することにしたのです。

昼間はコーヒー、夜はアルコールを主体に提供し、メニューと価格は統一しますが、店の外観、内装などはそれぞれの立地、環境、イメージに合わせて変えます。商社として外食産業に初めて本格進出したつもりでした。

一般にこうした新業態はモデルがあって、アメリカのモデルを日本へ持ってくる例がほとんどですが、我々にモデルはなかった。今から考えれば、頭デッカチの若造による汗顔の仕事と言うほかありません。

地価の高い東京で一杯三〇〇円、四〇〇円といったコーヒーを出すだけの従来の喫茶店経営はなかなか難しくなっていました。そこで、夜はアルコールを出すことで客単価を一五〇〇円とか二〇〇〇円にあげれば十分やっていけるはず、と読んだわけです。

伊藤忠が五割、残りをサントリーとUCCが出資して「CSUレストランシステム」を立ち上げ、私が社長に就任しました。

初めて経験する社長業でした。しかも企画管理部長の職にありながら事業や営業の仕事もするわけですから、管理する側とされる側、「言ってみれば警官と泥棒を一緒にやっているようなものだ」と揶揄されました。

一号店は一九八七年、東京・青山の伊藤忠商事の敷地内にあるCIプラザ(現・伊藤忠ガーデン）にオープンしました。オープニングセレモニーでは、サントリーの佐治敬三社長、UCCの上島達司社長、伊藤忠の米倉功社長（いずれも当時）という錚々《そうそう》たる顔ぶれに、CSUの新米社長に就任した私が末席に加わって華々しくテープカットに臨みました。

二〇年近く穀物取引一筋できた国際商社マンの私としては畑違いの分野でした。分刻みで価格が上下して、その度に胃がチクチク痛む相場の世界に身を浸してきた商社マンにとっては、華やかで夢のある仕事です。

お店をファッションの一つとして捉えている顧客に向けた店舗づくりを考えるだけでも楽しい。直営店とフランチャイズ合わせて五年で一〇〇店舗を目標に据え、できれば海外にも進出し……と夢は膨らむばかりでした。

しかし、禍福は糾《あざな》える縄の如し。雨が降ったらお客さんは来ません。食の事業は「水もの」とも言われます。お客さんが来なければ、当然ながら仕入れた材料は全部無駄になります。まさしくお客さまは神様です。仕方がないので自分の部下を「おーい、食べに来い」と呼びつける始末です。

鳴り物入りで開店し、青山、赤坂見附などに四店舗まで展開しましたが、結局、赤字続きで事業から撤退する顚末となりました。ままごと遊びと同じでした。

失敗した最大の原因は、ひと言で言えば、小売りの現場の実態を知らなかったことです。一般にチェーン展開している外食産業は、コストがかからないようメニューも外装・内装も一律化、マニュアル化しています。

店舗ごとにまったく別のコンセプトで作ったCSUはそれだけで効率性を度外視した金持ちの道楽みたいなもので、玄人から見れば笑いものだったでしょう。しかも地代も賃貸料も高い場所で、見た目をおしゃれにして、価格を抑えたメニューで……採算が合うわけがありません。

消費者向けのビジネスは店舗の立地や客層、飲食の需要のマーケティングリサーチをしたうえで人件費、材料費、賃貸料、光熱費などの緻密な計算を経て始めるものです。餅は餅屋。現場をよく知らないホワイトカラーのトップが、

「有名な会社が三つ集まれば、お客さんが入ってくれるだろう」

「各会社の社員も仕事が終われば使ってくれるだろう」

「おもしろそうだからやってみよう」

という安易な考えで手を出して、見事に失敗した事例です。バブル真っ盛りのころでした。

しかし、そこで初めて小売業、本当の商売がどんなものかが身に沁みてわかりまし

た。こうして書くのも辟易とし、一生涯忘れない恥辱として心に留めております。ただ、その分野を勉強したおかげで、以来、私はレストランに入ってメニューの料金表を見ると、即座に大まかな損益を計算して「このお店はちょっと危ないぞ」と判断できるようになりました。

同時に現場を歩いて、自分の目で見て、自分の耳で聞くことの大切さをここでもあらためて思い知りました。勉強代としては高くつきましたが、貴重な教訓を得たという意味では無駄ではなかったと思います。

自分でやってみなければわからないことがあります。そして事業は自分のお金を使うつもりでやらなければいけない。親方日の丸では甘さが出ます。

多くの若手社員に繰り返し言ったのは、

「失敗を恐れずに、とにかくやってみろ」

と同時に、

「自分の身銭でやることを考えてみろ」

ということでした。CSUの現場責任者は、八九年に食料開発室に新設された外食産業チームの初代チーム長として四社の設立に携わり、最終的に外食チェーンのトップに就きました。このCSUの失敗も糧になったはずです。彼は「どうすれば外食産業は失敗するかという貴重な体験だった」と振り返っています。

戦略的企業集団の中核は部長

一九九〇年、業務部長に就いてから経営の中枢に関わるようになります。その間、食糧分野だけでなく、会社を改革するために、さまざまな体験を積みました。

私が副社長になった一九九七年、他社に先駆けて導入した大きな組織変革が、各事業部を外部化して別会社にする「ディビジョン・カンパニー制」です。

それまでは業界特性を一切考慮に入れず、会社全体として決めた組織形態を何十年も続けていました。

その結果、各部門の権限と責任が不明確で、どんぶり勘定に近い状態になっていました。これでは世界中の幅広い業界・分野のニーズに応え、明確な責任体制の下で事業を展開することなんてできません。

ディビジョン・カンパニー制は「繊維」「機械」「食料」「金属・エネルギー」「生活資材・化学品」「金融・不動産・保険・物流」「宇宙・情報・マルチメディア」の各カンパニーが担当事業領域における経営の権限と責任を持ち、それぞれが数値目標を設定して経営管理を進めます。各部門はその業界に適した人事制度や給与、勤務時間を柔軟に取り入れていくわけです。

巨大化した会社を分割して各トップに権限と責任を委ねることによって、迅速で柔軟な意思決定を実現することを狙ったのです。

一方で「ディビジョン＝分割」による縦割り主義の弊害を防ぐため、総本社を中心にカンパニー間の連携を強化して、全社横断的な新事業領域の展開を図りました。

目指したのは、ディビジョン・カンパニーごとの企業集団を作り、その集団は各業界でナンバーワンの純利益を上げることです。

日本トップの企業集団七つが総本社を取り囲む。最終的な目標はグローバルに活動する世界ナンバーワンの企業集団の会社です。平たく言えば、トップが心に刻む制度の肝は「分権と集権のバランス」です。

となると、もはや仲介業のイメージをまとった「商社」という呼び方はしっくりきません。口銭ビジネスから完全に脱皮して、生産から流通、販売まで全分野のさまざまな事業会社からなる「戦略的企業集団」と位置づけました。

その中核的な存在として私が据えたのが、今までの何倍もの権限・責任を覚悟する部長でした。

取締役会に部課長を陪席させるべき

大企業の弱点は意思決定がきわめて遅いことです。最終決定までにいくつもの段階を経なければならず、人もお金も時間もかかります。風通しの悪い企業文化を変えるために重要なのは、日常業務におけるビジネス単位での対話と意思の疎通です。

それを担う主体が部長にほかなりません。

通常の大企業だと、部長や課長は自身が独自に処理する仕事は持たず、管理するのが中心です。とくに部長は課長から上がってきたものを追認したり、各課の間の問題を調整したりする仕事が主になります。

だから、当時の部長で実際の現金の出し入れや決済を心配している人はほとんどいませんでした。

中小企業の経営者であれば、「本当に決済はできるのか？」と心配するのが常です。しかし、大企業の部長は「お金は財務から借りてくればいい」という発想です。お金が入っていなくても帳簿の上で売り上げが立っていれば、それで平然としています。

大組織の中でお金の苦労をしていないので、部長はお金に対して執着心が希薄になっている。自分の部がどれだけお金を使って、どれだけリターンがあるのか。現金の出し入れ、動きをしっかり見ること、それがいわゆる「キャッシュフロー経営」です。

それまでのように部長が下から上がってきたものを追認したり調整したりするのではなく、部長自らが青写真を考えて部の経営計画を作る。予算を達成するかどうかはのちに述べる業績評価主義による給与制度で、そのまま部長の年収に反映させます。

計画を実現するために部下に説明、説得して、それに従って行動させるのです。そうでもしなければ、課長以下は雑用で社内の書類整理だけに忙殺され、まともな仕事ができません。

同時に上司にも説明して了解を得るとともに、経営会議への説明も本部長ではなく部長自らがする必要があります。それだけ部長の権限と責任をはっきりさせて真剣勝負をする。

「みんなで仲良く責任を取りましょう」

では会社は今につぶれます。社員たちには、

「あれこれ文句を言う前に自分で仕事を考えろ」

「自分たちで稼ぎ出す気力を持て」

と叱咤してきました。

取締役会にも、数ばかり多くて役に立たない社外取締役より、部長や課長を陪席させたほうがよっぽど効果的です。あくまで陪席だから投票権があるわけではありません。けれ

ども彼らがその場にいるだけで経営者、取締役に緊張感が生まれます。疑問点や不明な点は、仕事の中核を担う部課長にその場で尋ねることができるし、求められれば具体的で建設的な意見を言えるかもしれません。

あえて付言すると、自分のクビが直接かかっているために経営者に厳しい意見を具申しづらい社外取締役以上に、現場をよく知る部課長のほうが監査的な役割を果たすことができるんじゃないでしょうか。

消費者のニーズに迫る

それまでの口銭商売と決別して利益の根源に迫る。そのために私が着目したのがコンビニエンス事業でした。

商社はこれまで原料や中間材を調達して輸送する業務を中心としてきました。一方でモノを製造したり、末端で消費者に売ったりすることをしていませんでした。

しかし「原料の運び屋」としてモノを右から左に動かして利益を得る時代は終わりました。もっと新しいビジネスを開拓していかなければ商社の未来はありません。

私は確信を持っていました。

これからの商社は「ゆりかごから墓場まで」、つまり生産から製造、流通、販売までですべての分野に関わる事業に投資する。全分野に関与していけば、どこかで必ず儲けが得られるはずだ。業界構造の中心に位置するのは物流であり、商社の新しい重要な仕事になる。ビジネスチャンスの原点は生産・製造と販売にあるが、最も利益率が高いのは消費者のニーズと直に接する販売の領域だ——。

一九七〇年代の二度にわたるオイルショックから八〇年代、商社の食料部門の中で稼ぎ頭は油脂部の大豆、砂糖といったいわゆる原料部門でした。そうした構造が次第に変わってユーザーに直接コミットする事業サイドが力を持つようになりました。

例えば小売業界を見れば、百貨店が繁栄を謳歌した七〇年代から、八〇年代はスーパーマーケットが台頭し、九〇年代に入るとコンビニが急激に伸び始めます。

コンビニは人口が密集して消費が成熟した社会で成り立つ業態です。これからの日本の消費文化と利便性を追求するコンビニの業態がぴったりマッチする。新商品を開発する潜在能力を多分に有し、今後はさらに東南アジアや中国でも伸びる可能性がありました。

この着眼は、それまで蓄積した我々の経験から導き出されたものでした。商社の食料部門という商品の川上から川下までをすべて見渡せる場で、「一番儲かっているのはどこだ?」と目を凝らすと、それは消費者を相手にした小売業界だと一目でわかります。

そこに私がニューヨーク時代、デパートに人々が押し寄せている光景を目にした原体験が重なります。「必ず消費の時代が来る！」と確信しました。

つまりコンビニ進出事業は、商社の食料部門における経験とニューヨークでの経験が結びついた結果生まれたイノベーションでした。

コンビニに目をつけたのは八〇年代後半、幸運にも時代の流れの本流を泳いでいた我々の世代でした。そして、この新たなビジネス領域の開拓を後押ししたのは、ほかならぬ食料部門の若手社員たちの声でした。

「おもしろいじゃないですか。ぜひやりましょう！」

ビジネスはいくら展望があってもリーダーだけではできません。メンバーの意気込みと若手の情熱があってこそゴールまで行き着くことができます。若手社員の声を受けて私も、

「よし、任せておけ！」

と自信を持って前に進むことができるのです。

九〇年代に入って伊藤忠が最初にコンビニ事業で関わった相手はセブン‐イレブンでした。経営危機に陥った、セブン‐イレブンの親会社たる米国サウスランド社を九二年にイトーヨーカ堂（当時）と買収する案件に携わったのです。

もともと卸売りを専門とする商社が小売りに手を出すとたいてい失敗する、というのが

業界の常識でした。

確かに資源やエネルギーを柱に鉄鋼メーカーや電力会社などを相手に商売をしてきた商社にとって、弁当の味付けや品揃えといった消費者の細かな嗜好に配慮する商売は苦手だったと思います。

しかし、食料畑一筋に歩んできた我々にとって、小売りは比較的身近な業態でした。さらにコンビニ事業のノウハウもセブン‐イレブンとの仕事の中で培われてきました。

そこで九〇年代前半から食料部門の戦略としてファミリーマートの株を少しずつ取得し始め、私が副社長だった一九九八年についにファミリーマートの筆頭株主になったのです。

当時、会社はバブル崩壊後の膨大な不良資産を処理する過程にあり、一三五〇億円という会社始まって以来の巨額投資には、社内外から「会社をつぶす気か！」という猛烈な逆風にも直面しました。

しかし若者と我々のグループには、

「これから市場経済の時代が来る、大きな損切りをしても、我々の情熱と会社の体力と収益力があれば乗り切れる」

という確信がありました。

「失敗したら退職してファミリーマートの陣頭指揮に立つ」
私自身、そんな覚悟で臨みました。

M&Aの要諦

ファミリーマート買収の最大の果実は、食料部門の社員たちが消費者のニーズを起点とするビジネスを展開できるようになったことでしょう。それまではどんなビジネスを提案しても、小売りという領域において商社は単なる納入業者にとどまらざるを得ませんでした。

しかし、顧客のニーズに直接触れることができる最前線の現場を傘下に収めたことで、より大きな新しいビジネスを生み出すことができるようになったわけです。

結果的に株式取得は大きな成功を得て、会社の流通事業を一挙に拡大することになりました。この後、三菱商事はローソンを傘下に収め、セブン‐イレブンは三井物産との関係を深めることで、コンビニ競争は商社間競争の様相を呈すようになります。

我々の会社は今や総合商社の中でも、アパレルからコンビニに至るまで最終消費者を対象にした消費関連ビジネスの分野で際立った力を発揮しています。

ファミリーマートの株式取得に要した巨額の資金は、いわば「ファミリーマートの人材を買った」ということを意味します。機械や建物はそのまま使えば機能を発揮しますが、人間はそういうわけにはいきません。

M&Aの要諦は相手の抱える人材を見極めることです。まことに人聞きの悪い表現を使えば、要するにM&Aとは「人身売買」でもあるのです。人材をゼロから育てるのは時間も労力も必要です。だから能力ある人材を手っ取り早く買うわけです。

そこで留意すべきは、「お金で買った人材はお金で買われる」ということです。一億で買った人材は一億二〇〇〇万で買われてしまう。大型の買収案件や海外進出の失敗は、おおむねそこに起因しています。会社を人材ごと買収しても、そこで彼らとともに歩まなければ、人材は再び流出するのです。

人があってこそビジネスができます。人とともに企業は成長する。人を育てながら会社は育っていく。人材がいないのに、お金があるからといってうぬぼれていると、いずれ手痛いしっぺ返しに遭います。

そこで陥りがちな失敗を言えば、一〇の人材を揃えて一五の仕事に手を出してしまうことです。人が一〇しか育っていないのに、一五の事業を展開すれば、いずれ破綻を来すのは目に見えています。

そこは部長が会社で仕事をするときにも根幹に関わる課題です。つまり自分の手足に見合うだけの人材を揃え、それに合わせた仕事をする、自分の力でできる仕事をする、ということです。

基本は人材を育てながら会社を大きくする。こと人間に関して促成栽培はできません。花を咲かせ果実を実らせる地道な努力こそがリーダーの仕事となります。

「やられた!」と思ったこと

ファミリーマートの買収案件が成立する前の一九九七年のことでした。ロサンゼルス・タイムズが報じたニュースを目にした瞬間、

「やられた!」

と思いました。見出しに躍っていた文句は、

「デュポンがラルストン・ピュリナのタンパク部門を買収」。

アメリカ最大の化学会社デュポンがアグリビジネスの成長を狙って、ラルストン・ピュリナグループと、同社のプロテイン・テクノロジーズ・インターナショナルユニットを一五億ドルで買収することに合意した、と報じていました。

ラルストン・ピュリナはアメリカの飼料やペットフードにおける世界一のメーカーで、タンパク部門では大豆タンパク質と食品成分を作っています。そしてデュポンといえ

ば、軍事火薬や爆薬など兵器製造で栄え、アメリカの戦争を支えた財閥系の巨大企業です。

「やられた！」と思ったのは、実はその一〇年ほど前に我々のグループ会社、不二製油（当時）とともにラルストン・ピュリナのタンパク部門の買収に乗り出したことがあったからです。バブル経済真っ盛りのときで、私は食料部門の企画管理部長でした。

不二製油は南方系油脂、チョコレート用油脂、脱脂大豆タンパクで成長した食品素材加工会社です。ピュリナはタンパク分野では世界ナンバーワン企業で、不二製油も日本で「フジプロ」という大豆タンパクを独自技術で製造・販売するなど、植物性タンパクの可能性に早くから注目していました。

ピュリナが売りに出したタンパク部門の買収に我々が乗り出したのです。私は当時の不二製油社長とともにミズーリ州セントルイスのピュリナ本社に交渉に行きましたが、買収価格が折り合わずに契約には至りませんでした。

痛感したのは、商社とメーカーの「息の長さ」の違いです。商社の場合は投資をして五年間で利益が出なければ、さっと売り払って新しいビジネスに投資します。見切りの早さゆえに資金の回転速度が速い。

ところが、工場を作ってモノを作るメーカーは、二〇年以上という長いスパンでビジネスを考えます。商社のように「儲からないようなら、すぐに手を引く」というわけにいきません。

商社マンの私は買収自体には前向きでしたが、不二製油の社長からは、

「やる以上は二〇年はやらなければ」と言われ、

「なるほど、メーカーのビジネスとはそういうものか」

と感じ入った次第です。

当時、タンパク質の可能性に着目していた企業は、ほとんどなかったと思います。私もまさかデュポンが動くとは思いませんでした。買収額は私たちが交渉したときの数倍に跳ね上がっていました。

「もし、あのとき買収していたら、どれだけ儲かったか……」

思わず頭でそろばんを弾いて歯嚙みしました。ラルストン・ピュリナのタンパク部門を食品加工に生かす技術と力量がデュポンにあるのかどうか。自社とグループ会社が世界の食糧に貢献するきっかけになったかもしれないと思うと余計に残念です。

この買収案件がその後、正式契約に至ったのかどうかはわかりません。ラルストン・ピュリナは二〇〇一年、もともと関わりの深かったスイスの食品大手ネスレに一〇〇億ドル余りで買収されています。

人間関係を築く基本

不二製油（当時）の故西村政太郎相談役名誉会長は大豆タンパク事業を創設した功労者で、私が心から尊敬する企業人でした。「大豆は畑の牛肉だ」と大豆タンパクを中心にした健康食レストランを立ち上げようという話で盛り上がったこともありました。

自社の先輩、上司にも育ててもらいましたが、取引先の方々にもお世話になりました。日本有数の大会社の元会長とも懇意にさせていただきました。

ニューヨークの平社員時代、日本では得られない情報を持っているということで顔を覚えてもらい、渡米されるたびに「ちょっと寄っていこうや」と訪ねてこられました。

そのうちお付きの専務や常務を先に帰らせて、二人だけで飲んだりゴルフをしたりと公私ともに親しい関係になり、帰国後も「丹羽君、ちょっと顔を見せろよ」と役員室でごちそうになったことが何度もありました。

社長や会長が招き入れてくれれば、専務や常務も大事にしてくれます。役員室に木戸御免で自由に出入りして、毎日のように社員食堂にも出入りしていたので、周りは自社の社員だと思っていたそうです。

「紹介するよ。こいつは将来、絶対にエラくなるから」

紹介されたほぼ同い年のその社員は、のちに本当に社長になりました。課長の分際で取引先の役員室を気軽に出入りしていいものか。しかし会社といえども、突き詰めれば個人と個人のつきあいです。「年齢や肩書でつきあっているんじゃない」という思いが私にはありました。

お世辞や追従は他人に任せて、どんな相手に対しても言いたいことを言いました。中小企業の取引先に対しても同様です。

大前提は相手を裏切らずに誠意を尽くすことです。自分の時間を削ってでも相手のためになることを精一杯する。人間関係を築く基本です。

時間ができると、懇意にしていた取引先の社長のほか、まったく面識のない会社の幹部も訪ねました。思いついたときに「一度お会いしたい」と電話を入れて訪問するのです。

「誠に申し訳ありませんけれど、○○の件についてぜひお話をお伺いしたいのです。お忙しいとは存じますが、今から御社をお訪ねしてもよろしいでしょうか？」

「部長さんがこちらに来られるのですか？　どなたかとご一緒でしょうか？」

「直接お話をお聞きしたいことがあります。一人でお邪魔いたします」

帰る際は、

「今日はお忙しいところ、突然お邪魔したうえ、大変貴重なお話をいただき、本当にありがとうございました。これをご縁にお近くにいらした際は、ぜひうちにもお寄りくださ い」。

先約がある場合は別ですが、断られることはほとんどありません。一人のときもあれば、部員を連れていくこともありました。

例えば常務に一度会えば、部長にも気楽に声をかけることができます。

「先日、御社の常務にお会いしました。大変お忙しいようですから、できれば部長にお会いして、お話を伺いたいのですが」

突然お邪魔して、

「じゃあ、今度一回ごちそうしてくださいよ」

と言って、本当にごちそうになり、親しくなった方もいます。

迷惑でしょうか。いや、もし私の社長時代に取引先の部長から、

「今後の商社はどうなるのか、トップの方のご意見を伺いたい」

「会社の経営方針を作らなくてはいけない。社長のお話を直接伺いたい」

そんな打診があれば、喜んでお話ししたでしょう。同じことを私自身が日本一の製鉄会社で実行し、お話を拝聴したこともあります。

遠慮する必要はありません。情熱に裏打ちされた図々しさも時に必要です。上のほうや

横のほうの顔色ばかり窺って「上司がうるさいから」「隣がこうするから」「過去にこうだったから」という理由で自分を縛っていては、伸びるものも伸びません。

周りのことは気にするな。皆と同じことをしていても仕方ない。失敗してもいいから思い切ってやったらどうだ。日本の将来のためにも大事なことだ——みんな遠慮しすぎではないでしょうか。

昇進の目前に現れる「卑しい本性」

新規事業への参入や海外プロジェクトの推進といった大きなビジネスを展開する局面で、決定的な要素は取引相手との信頼関係です。

ビジネスは相手と信頼関係を築けなければ成立しません。直にぶつかり合って互いに信頼関係が生まれ、「この人となら」と思えたときに、ビッグビジネスの機会が生まれるのです。

当然ながら、相手との信頼関係は学歴や肩書だけでは築けません。そこで問われるのは人間性です。私が部下に取引先と信頼関係をつくるために言い続けてきたことは、

「お金儲けや出世のためだけに仕事をするな」

「お金だけ追いかけると逆にお金は逃げるぞ」

ということでした。お金儲けを目的にすると、自分の利益になるかどうかの損得勘定だけで物事を判断してしまいます。「多少のことなら悪いことをしてでもお金を儲けたい」と思うのが人間の性《さが》です。あるいは出世、昇進を目の前にすると、卑しい本性が現れてしまうものです。

長いサラリーマン生活の中では、お金儲けや出世など自己の利益を取るか、相手との信頼関係を取るかを迫られる局面に遭遇することがあるはずです。そのとき、自らの利益をあきらめることのできる者がどれだけいるでしょうか。

簡単な課題のように聞こえるかもしれませんが、自分の社会的な立場が上がり、守るべきものが増えるほど現実には難しくなるものです。

自分の利益を図るチャンスは何度も訪れます。でも一度失った信頼はいくらお金を払っても取り戻せません。信頼の基礎にあるのは誠実さと不言実行。会社人生で一度ぐらいはお客さまのために自らのリスクをとることも必要ではないでしょうか。自分の会社には小さなマイナスになっても、相手の会社にプラスになるようにすることです。

もっと言えば、一時的な利益に振り回されることなく、自分を犠牲にしてでも相手の利益を守る。意気に感ずるときは必ずあるはずです。それが長期的にビジネスを成功させていくための要諦です。

それゆえビジネスは人間力の勝負、人格と人格のぶつかり合いです。相手を見て、「この人とならやれる」と確信できれば、百パーセント任せる。程度問題であることは言うまでもありませんが、失敗したらその責任の一部は覚悟する。人生にそう何度もありません。私はそういう姿勢でビジネスに臨んできました。

私の課長時代、油脂部で初めて米国から大豆を輸入する船舶をチャーターしました。それまでは商品の売主が船舶の手配をして、商品契約の時点で売主が海上運賃を含めて値決めしていました。

自分たちが用意した船を使うためには、大量の大豆買い付けが保証されていなければ採算が取れません。

このとき、二社のお客さまが買い付けを保証する契約を結んでくれたので、船舶をチャーターできました。取引先の中枢と強固な信頼関係を築いてきたからこそ可能になったケースでした。

「ナンバースリー」を押さえたワケ

信頼関係が新たなビジネスを生み出すことがあります。

私が社長をしていた二〇〇〇年に、西武百貨店と資本・業務提携した伊藤忠は、西武

（セゾングループ）の子会社である牛丼チェーン、吉野家ディー・アンド・シーの第二位の株主になりました。

もともと吉野家はセゾングループの傘下にありましたが、セゾングループの業績悪化のためグループ企業の株を売らなければならなくなりました。

セゾンへの不信感をつのらせていた安部修仁社長（当時）は、新しい親会社による取引先の変動など利益誘導を懸念していました。売却の条件は、

「吉野家の味を死守することだけは譲れない」。

叩き上げから自らの力で社長に就任した安部社長は、私の一〇歳年下ながら多くのお客さまと強い信頼関係で結ばれていました。

「わかった。あなたがそこまで言うのなら、こちらは株だけ持ちましょう。経営はすべてあなたに任せた。存分にやってほしい」

経営にはいっさい干渉しませんでした。逆に安部社長からは人事についても事前に必ず相談がありました。そんなときも私が言ったのは、

「人事はあなたが一番知っているんだから、あなたがそう考えるならやろうじゃないか」。

そういうつきあい方をしてきました。

二〇〇一年には伊藤忠商事と丸紅の鉄鋼製品分野を統合し、「伊藤忠丸紅鉄鋼」を設立しました。この統合も丸紅の辻亨社長（当時）と私とのトップ同士の信頼関係なくしては成立しえなかった事例です。

伊藤忠商事と丸紅は、どちらも近江商人の伊藤忠兵衛（一八四二〜一九〇三年）が創業した呉服店から発展した総合商社です。戦前同じ会社だった時期もありましたが、第二次大戦後の財閥解体によって二社に分割されました。

当時、両社の鉄鋼製品分野は、毎年数十億円単位で赤字を出すお荷物事業でした。ライバル関係にある両社が合弁会社を設立できるのか、交渉は難航することが予想されましたが、私には見通しがついていました。

「辻さん、あなたのところも赤字、おれのところも赤字。赤字ばかり何年やってもだめだから、赤字同士一緒にならないか」

アフリカや中東など多くの海外拠点も重なることから、人員も整理して統合すればコスト削減効果があります。ところが社内は大騒動です。

「赤字同士がくっついて儲かるわけないじゃないか！」

「いや、このままでは両社とも沈没必至だ。しっかり計算の上の話なんだから黙ってやれ！」

最後に、私と辻社長のどちらが統合した鉄鋼専門商社の社長に就くのか、という話になりました。結果は最初の二年間は丸紅で、次の二年は伊藤忠から社長を出す。あとは順番に回す。私は交換条件を出しました。

「ナンバースリーはうちが出す」

ここでいうナンバースリーとは、仕事の中枢を掌握している業務部長のことです。名を捨てて実を取る考えもあります。結果的に社長ポストは丸紅、会長と業務部長の二つのポストは伊藤忠が出すことで合意しました。社名は、日本語が「伊藤忠丸紅鉄鋼」で、英語は「丸紅伊藤忠鉄鋼（Marubeni-Itochu Steel Inc.）」となりました。

社長ポストが取れなかった伊藤忠の社員は不満げでしたが、会社経営は長い目で見なければいけません。

良い人材を多く持つ会社が将来をリードするものです。

新会社は初年度から大幅な黒字を計上しました。まさに計算通り。トップとトップとの信頼関係がなければ成立していない統合のケースでした。

雪印再建に向けた支援

企業には時折、私益を超える公益を視野に入れた行動が求められます。雪印グループの再建に向けた支援の際は、まさにそこが問われました。この案件はファミリーマート買収と同様、世間の注目を集めました。

二〇〇〇年に雪印乳業で製造した低脂肪牛乳で食中毒事件が発生し、翌年には雪印食品が輸入牛肉を国産と偽装する事件が起きました。立て続けに起きた不祥事で、雪印はブランドイメージに大打撃を受けるとともに世間から大きな批判を浴び、牛乳シェアトップの座から転落する事態に直面しました。

北海道の酪農家が中心になって設立した雪印乳業は、政府に手厚く保護育成されて業界トップになった酪農振興の国策会社でした。何十年もかかって作り上げられた日本が誇る大切なブランドです。

雪印乳業が潰れでもしたら、日本の産業界どころか国益が損なわれます。そして一万数千人の社員が路頭に迷うことにもなります。どんなことがあっても潰してはいけない。雪印とつきあいが深かった我々の会社は、真っ先に雪印を支援する方針を固めました。

雪印と取引のあるスイスのネスレが出資に前向きだとの情報も入っていました。しかし農業は国の宝です。その農業と結びついた食品企業が外資の傘下に入ることはどうしても避けたい。北海道にある雪印の工場と研究所にも視察に行って出資するなど、日本人として日本にとって大切な企業の支援に踏み切りました。

もちろん、社長をはじめとする経営陣が責任を取ることが支援の前提条件です。それまでのように農林水産省や農林族議員ら政治行政とがっちり結びついた、殿様商売のままナショナルブランドゆえの救済劇に終始すれば、雪印の甘い体質が変わることはありません。

社内体制を改めるためにも、雪印乳業の子会社・雪印食品を閉鎖することに踏み切りました。同様の不祥事は当時あちこちで発生していましたが、本当に会社を潰した事例がどれだけあったでしょうか。

雪印への支援が大きな利益に結びつくことは期待していませんでした。ただ、雪印は非常にすぐれた技術と長年かけて育てた質の高い人材を抱えていました。すぐれた技術と人がある限り、必ず再生するという確信がありました。

なかでも私が魅力を感じたのは、雪印の持つバイオ技術でした。バイオ技術とミルクプロテイン（乳タンパク質）が融合することによる新商品の開発を期待しました。

二〇〇一年には雪印グループ内の食品卸会社「雪印アクセス」に出資し、その後、筆頭株主になる一方、「日本アクセス」へと社名を変更し、のちに伊藤忠の子会社となりました。

雪印アクセスはもともとグループ内の五つの卸会社が再編統合されて、事業の核となる物流グループに発展した会社でした。現在は日本アクセスとして国内トップクラスの総合食品卸企業に成長し、伊藤忠食品グループの大黒柱として活躍しています。

第三章　会社のルールをぶっ壊せ
――ワンチームで乗り越える

会社を真に変えるには

誰にでも仕事の大きな転換点はあります。私の場合は、食料部門を離れて社内の中枢に位置する業務部長になったときでした。

業務部長は社内の各営業部の情報を収集して社長に意見具申しつつ、中長期の経営計画策定から成長戦略につながる全社的プロジェクトを進めます。同時に会社の方針を全体に徹底させる役割を担っています。政府の役職で言えば、ちょうど官房長官に当たります。

部長はまず担当部署のことを考えて、事業と組織を動かしていくことが主たる仕事でしたが、業務部長の守備範囲は会社全体に及びます。

経営に直結する決算や投資などの情報収集を行い、社長、経営陣と情報を共有しながら会社に誤りがなきよう振り返りつつ、これから会社が進むべき方向を考えることが職務です。

会社における各部の位置づけがわかるし、業界における会社の立ち位置も知ることになります。他の会社でも「経営企画部」「事業企画部」「経営戦略室」「社長室」といった名称で同じような機能を持つ部署があります。

業務部長に就いた一九九〇年はバブル経済の絶頂期、そして翌九一年はそのバブルが弾けて日本経済が急転直下、長い大不況に突入した激変の時代です。

私はひたすら「どうしたら低迷する自社を蘇生させ、業界ナンバーワンにできるか」ということばかり考えて、飲んでいる最中にも仕事の話ばかりでした。

まず必要なのは組織改革でした。普遍的な「百点満点の組織」というのはありません。これをやれば絶対に業績が伸びるという組織はないといっていいでしょう。

時代ごとの企業の状態や環境に応じて組織や制度は変えたければ変えればいいと思います。ところが、変えたところで大した違いはありません。例えばシナジー効果というメリットが期待できる場合は、同時に新たなデメリットが生じます。それが組織というものです。

なぜか。ここがポイントです。なぜ組織や制度を変えても、大して企業の業績は変わらないのか。

それは、組織を動かしているのが人間だからです。

組織や制度を変えて立派な組織を作っても、それを動かしている人間が変わらない限り、業績は大して変わりません。すなわち経営の最大の要点は社員の意識改革、社員の気持ちをどう変えるかです。

そのためには、まず社員に危機意識を持たせなければいけません。なぜ今会社を変えなければいけないのか、なぜ会社はこういうことをやろうとしているのかを、上に立つ者があらゆる機会を捉えて発信する。

しかし、危機意識を持たせるだけでは会社はよくなりません。一方で社員に働く生きがいを持たせなければならない。

生きがいとは何か。自分の仕事が上司や同僚、家族らに評価、期待されている。あるいは自分の仕事が自分の会社だけではなく、関係する人々の役にも立っている。さらに言えば、社会のために、国のために役立っている、そう実感できるとき、社員の意識は確実に変わります。

社内の反発をどう抑えたか

この当時、全社員の意識を変えるために、「Ｎｅｗ ＣＩ運動」が始まりました。それまでの会社の慣習、文化、体質を、社章や社名、ロゴを含めてＣＩ（コーポレート・アイデンティティ）を変える中で、すべて見直そうという運動です。

バブル崩壊の真っ只中です。業績低迷で会社があえいでいるさなかだっただけに、新しい運動を推進するに当たっては、社内から猛烈な反発がありました。

「こんな非常事態にそんな手間暇かかることにお金をかけてどうするんだ！」

「そんなことにお金をかけるぐらいなら、もっと商売のほうにお金をかけろ！」

しかし、私の考えはそうではありませんでした。

「内実は赤字一色で大変なんだから、せめて会社の将来は希望の光に満ちた姿にしようじゃないか」

会社の危機だからこそ、頭のてっぺんから足の先まで見直すべきものは見直す抜本的な改革を断行して、新たな再スタートを切ろうではないか。

苦しいときには給料カットや不動産売却といった後ろ向きの対応だけでなく、明るい将来に向けての戦略を同時に進めなければ、社員の気持ちが萎えるばかりです。「選択と集中」をしたうえで攻めと守りを同時に進める。そういう思いが基本にありました。

社内の反発は、この全社運動を担っていた業務部に向かってきます。会社の方針を全体に徹底させるのは業務部長の職務です。なぜ今この運動が必要なのか、各部を説得しなければなりません。

「よし、わかった。じゃあおれが各部を回って話をつけてこよう」

肩書としては私から見れば同格かそれ以上の役員クラスもいました。しかし議論と説得の結果は、学生運動で自治会委員長をしたときと同じように、仲間の気力と情熱にかかっているはずです。

実は業務部の中でも意見は割れていました。業務部員は食料、繊維、鉄鋼、機械、エネルギーなど各部門の営業から選ばれた代表選手が集まっています。各部の意向を反映した意見も相当あります。特に苦しい部からしてみれば、

「自分たちが今こんな苦しい状況にあるのに、そんなことをやっている暇があるか」

という不満が膨らみます。

しかし、業務部に来た以上は、出身部署の利益よりも会社全体の利益を優先させなければいけません。

「おまえは今、どの部署にいるんだ。自分の出身部や自分自身のことよりも、会社の利益のためにものを考えろ!」

海外の社員も参加して、一年をかけて国際総合企業にふさわしい社名と企業理念を検討しました。

一九九二年、日本語の社名は変更せず、英文社名をそれまでの「C.Itoh & Co., Ltd.」「Chu Ito & Corporation」から「ITOCHU Corporation」と簡潔にし、地球上に社名を記した新ロゴマークと新しい社章を制定しました。

柱となる企業理念は「ITOCHU Committed to the global good.—豊かさを担う責任」です。グローバル時代に会社が果たす役割を明確に打ち出しました。

会社のイメージはそこから大きく変わりました。"I TOUCH YOU" などとセクハラまがいに嘲弄《ちょうろう》する人間もいましたが、総じてＮｅｗ ＣＩ運動は成功だったと思います。

参加者啞然の「ビール事件」

業務部時代にもう一つ手掛けたのは「Ｂｕｙ ＣＩ Ｇｏｏｄｓ運動」です。これは全社員を挙げて、グループが販売している関連商品をできる限り買おうという、当時としては斬新な運動です。

グループ会社が単体決算の時代です。一九九〇年代後半から単体決算よりも連結決算という時代が来て、関連商品の購入はそのまま自分のカンパニーの収益に完全に紐づくようになりますが、単体決算の場合は直接自分が属する会社の収益には結びつきません。

しかし、グループ間で互いに助け合う、協力し合う仕組みを作ることで、社員のマインドを高めてグループの総合力を上げることを目指しました。

隗《かい》より始めよ。私自身も関連商品の購入を励行しました。例えばビールを飲む時は、会社と取引関係にあるA社のビール以外は絶対に口にしませんでした。

会議でも居酒屋でも一杯飲み屋でも、競合他社のビールしか置いていない場合は、部下に近くの酒屋かスーパー、コンビニでAビールを買ってくるよう命じていました。コンビニが遠くても当然のことです。

これは業務部長時代から社長、会長になっても変わることなく、その徹底ぶりを知らない部下はいなかったほどです。

ある会議を東京で開催した後、近くの居酒屋で慰労会を開いたときのことです。後で聞いた話だと、私が加わる前に集まった参加者がテーブルに並んだビールの栓をポンポン抜いて飲み始めたそうです。ところが、それはB社のビールでした。

気づいた業務部員があわてて居酒屋店主に、

「だめ、だめ！　Aビールはないんですか⁉」

「すみません、うちはBビールしか置いてないんですよ」

「だったら、もうビールは出さないで日本酒に切り替えてください。それから申し訳ないけど、近くでAビールを買ってきてくれませんか」

すったもんだしているところに雑務を終えた私が店に入ってきて、Bビールを見た瞬間、けわしい顔つきになりました。

「どういうことだ？　幹事は何をやっている。帰るぞ！」

まさに知らぬは亭主ばかりなりです。叱られた部下は真っ青、事情を知らない店主や参加者は唖然としていました。今となっては笑い話ですが、部内で語り継がれている「ビール事件」です。

灰皿が飛ぶ職場

会社の中枢を担う業務部の部員は、各営業部と経営陣をつなぐパイプ役のため、前述したように各営業部門を代表する精鋭が集まってきます。課長以上の三〇代、四〇代の働き盛り。多くは出身部署に部長クラスで戻ることになります。いわば社内のエリート連中ですから、将来の社長候補と目されることになります。

私なりの表現で言えば、社長はある意味、舞台の上で舞う「踊り手」であり、脚本や振付を担っているのは業務部です。裏方の黒子ではあるけれども、非常にやりがいの強い部署です。

自分たちが会社を動かしているという自負もあれば、各部を代表して来ているという責任感もある。簡単に言うことを聞かず、怒らせると面倒です。役員も一目置いて、ある程度は顔色を窺わざるを得ません。

例えば、機械部門なら機械部門が、ある大型の投資案件を持ってきたとします。経営会議、取締役会にかける前段階で、会社としてこの案件に投資すべきか否か議論をします。

「ここは将来、絶対伸びる。めったにない有望な案件だ」

「おまえは今のうちの財政状況をわかっているのか？　うちにそんな金があるわけないだろう！」

まぁお国の役所で言えば、経済産業省と財務省の争いのようなものです。野武士集団と呼ばれただけあって、部員同士の議論でヒートアップすると、もうけんか腰です。

「てめえ何言ってやがる。赤字ばかりだといって、おれの部をバカにしやがって！」

こうなったら、こちらもお上品ではいられません。

「おい、貴様、静かにしろ！」

以前は会議で殺気立ったやりとりの挙げ句、アルミの灰皿が飛んだこともありました。

自分の後任を意識的に教育する

業務部長時代に私が掲げたのが「E&D投資」です。一般に使われる「R&D」（リサーチ&デベロップメント）への投資ではなく、「E&D」（エデュケーション&デベロップメント）への投資です。

メーカーなら独自技術の調査研究や新製品開発を進めるR&Dに売上総利益の何パーセントかを投じます。

しかし、商社の場合は社員の研修や教育に経費を投じて計画的に人材を育成していく必要があるのではないか。最終的には利益の一割程度は人材育成に回すべきだ、と私は考えていました。人材は意識的にお金を以て取り組まなければ育たないからです。

業務部員に絶えず強調していたのは、業務部から部長となって出身部署に戻ったときの後任選びです。

「社長の最大の仕事は次の社長を選ぶことだ」と言われますが、部長にとっては次の部長、課長にとっては次の課長と、自分の後任を育てることを常に考えるのも役職の重要な仕事です。

ポストは三年から五年で交代します。次を誰にして、その次を誰にして、またその次を誰にするのか。時によっては二代から三代先まで候補者のめどをつける。めどをつけたら、その人間を教育し、経験を重ねるようなキャリアパスを考える場合もあります。

ただし、それは当人も含めて表に出さず、秘密裏に進める必要があります。でなければ、当人が将来を嘱望されていることを妙に鼻にかけたり、逆に重荷になってつぶれたりすることがあるからです。周りの人間の嫉妬や追従という雑音もサラリーマンの常です。

そういう人材育成のスタイルは、本格的に制度化されてきました。

例えば海外研修です。入社して四年以内に、男女を問わず全員を最長二年の海外研修に出します。現地にホームステイしながら大学で語学を学び、現地企業でインターンシップをさせます。二年の場合はＭＢＡ（経営学修士）を取得させます。あるいは海外の事業会社に出向させることもあります。

英語に慣れるという目的もありますが、むしろ日本人以外、日本社会以外と触れ合って、刺激を受けることのほうが眼目です。

将来は世界のビジネスマン相手に競うことになります。一流とされるハーバード大学やマサチューセッツ工科大学（ＭＩＴ）ではどういう教育がなされ、学生はどれだけの力を持っているのか。彼らと渡り合うために何をどのように学べばいいのか。

企業の底力は、どれくらい優秀な中間管理職が存在するかにかかっています。もちろん、すぐれた人間ばかりが自社に集まることはありません。一〇〇人いれば二〇人から三〇人が限度でしょう。

やる気や心構えがない課長や部長の下で働くことになった社員は災難です。無能な上司ほど有能な部下の存在や成長・活躍を認めず、その成長を阻みます。ソツなく「守り」に入る部課長もいます。これでは部下ばかりか会社全体にとっての損失です。

「新エリート」の育成

人材というのは意識的に育てなければ伸びません。突然、課長や部長になってから能力や覚悟を求めてもできるわけがない。だから仕事への熱意の高い人間に注目する必要があります。

そのため各部門から入社一〇年以上で「これは」と思われる社員には、海外駐在の経験や事業会社で役員経験を積ませたりするのです。

そうするうちに本人も会社からの期待を意識し、周囲もそういう視線で見るようになります。そうした変化が徐々に会社を担う自覚を育みます。

これはいわばエリート社員の育成です。

「エリート」という言葉につきまとうイメージは、日本ではどうも芳しくありません。戦後の価値観の変化や、傲慢な官僚の存在、大学の大衆化、さまざまな要因が相まって、今では一般庶民から遊離して特権意識にまみれた鼻持ちならない人物をイメージするようになりました。

しかし、それは真のエリート像ではありません。本来は、周囲の期待を担い、自分が置かれた立場に見合う責任と義務を意識して行動できる人のことを指します。

エリートの条件は情熱、気力、明るさ、そしてこれからのリーダーとしての高い志を持ち、持続できる倫理観を持っていることです。学力よりむしろ精神力の強さや人間としての心の広さが大事な条件になります。

私は「新エリート主義」と呼んでいましたが、エリートなき企業は滅び、エリートなき国は崩壊します。

「高貴なる者の義務」を意味する「ノーブレス・オブリージュ」というフランス語があります。財産や権力など社会的地位を有する者は、それ相応の社会的または道義的義務を負わなければならないという意味です。人のため、会社のため、国のために自分を捨てて身を投じる覚悟とも言えます。

新エリートとは、このノーブレス・オブリージュを内面化している人物を指します。人の喜びを自分の喜びにできる人、人に尽くす喜びを心から感じている人、犠牲的な姿勢を絶えず持っている人こそが真のエリートになる資格があるのです。

経営者を育てる塾とセミナー

新エリートの育成は、社長に就いた翌年の一九九九年、若手やエリート社員だけでなく、本社から関連会社に送り込む幹部社員も対象にした「経営者スクール」という形で企画立案しました。

商社の場合、関連会社の社長には通常、本社の部長クラスが送られますが、昨日まで営業の部長をしていたような人物が突然、研修らしい研修もなく、一〇〇人ほどの従業員を抱えた会社の社長に就くには無理があります。

五〇歳代を中心にした受講者が仕事を完全に離れて、約四ヵ月の研修を受けます。内容はMBAの簡易版とも言えるもので、経営者としての必要最低限のノウハウです。まず財務分析や経営管理から成長戦略などを学び、最後に派遣予定先の企業を題材に、今後の新規事業戦略などを立案して講師の前で発表する。

経営者スクールはやがて従来の課長研修、部長研修とは別に、将来の経営者育成を目的とした「経営塾」の開講に発展しました。対象者は社内七カンパニーのプレジデント（部門長）、事業部長、部長、課長で、一期生は約二〇〇人になります。三〇人のクラスを六クラス編成し、半年間を一クールとする。開講時間は夕方からの五時間で、執行役員もオブザーバー参加としました。

事業が成功したケース、途中で挫折したケースなどを題材に、今後の成長戦略を議論するとともに、経営者の心構えなどを伝える場です。

しかし、経営者としての心構えや経営管理を教える「経営塾」は、どうしても技術的な話にならざるをえません。過去の失敗例や成長戦略について伝えても、学校の授業で教える歴史年表のように、知識の詰め込みに陥ってしまいがちです。

自らの責任と義務を自覚するリーダーにとって大事なのは、むしろ日常の社会生活における規範やルールです。例えば儒教の五常である「仁・義・礼・智・信」など、生きるためのベースとなる価値観をこそ培うべきではないか。

そこで、実務に時間をかけて実行に移す一方、この企画立案のゴールとなる「青山フォーラム」というセミナーを外部の協力も得て始めることにしました。

そのテーマはずばり「仕事と人生」です。人生とは何か、どう生きるべきか、その中で仕事とはどのような位置づけにあるのか。

経済界の一流の方々に講師をお願いして、仕事に対する心構えや成功の要因、あるいは逆境に陥ったときに何を拠り所にして克服してきたのかを話していただきます。

業績評価主義の導入で競争を促す

どうやれば新エリートを育てられるのか。その一つの回答が、競争原理を徹底することです。

例えば一〇〇人で競争して前面に躍り出た一〇人は、ノーブレス・オブリージュの精神を宿した新エリートになりうる人たちです。

「みんな一緒に走りましょうね」という平等主義は、一〇〇人のうち「みんな」に追いつけない一〇人の落ちこぼれを生み出します。競争社会はエリートを生み、平等社会は落ちこぼれを生みます。落ちこぼれを生み出す社会は人間を堕落させます。

競争は人間が伸びる第一の条件です。「負けてたまるか」という炎を心の中でメラメラと燃やし続けることが人間を前進させます。その炎がもしも消えてしまったなら、即刻現場を退くべきでしょう。自分のやる気だけではなく、周りの人間の情熱も奪ってしまうからです。

競争を促すために社長時代に導入したのが、徹底した成果主義でした。つまり仕事をやったらやっただけの見返りがある制度です。

やってもやらなくても同じ給料なら、やらないのが人間です。できるだけサボってラクしたほうがいい。それは結局、みんながサボるための給与制度と言えます。

競争原理に基づいて導入した業績評価主義は、理論計算と現実が必ずしも一致しないことを忘れたまま進みました。具体的には年収のうち半分を生活保障向けの固定給（月給）にして、残りを変動給（ボーナス）にして成果と実績に応じて支払うというフィフティ・フィフティの制度の導入が必要だったのです。責務や業績を賃金に反映する方程式は報酬委員会で作成されましたが、なおいくつかの補強が必要となりました。

例えば固定給に年齢は関係なく、職務・職責に応じます。部長になったら五万円アップという具合です。固定給が上がれば、それだけ変動給のベースも上がります。

さらに食料、繊維、機械など部門ごと、あるいは部署単位できめ細かく評価基準を設けました。グループ全体で見ればそれほど儲かっていなかったとしても、優れた業績を上げている部門もあります。部署や各部門の業績がそのまま自分の給料に跳ね返ってくる仕組みです。

自分の目標に対して何パーセント達成したかも点数に反映させます。自分が達成できると思う目標を自分で計算して立て、結果を自己評価するわけです。しかし各課の課長には部長の指導が入ります。

「今年、君はこれぐらいでやってください」

「いや、とても私にはできません」

「じゃあ何点ならできるんだ？」

ここまでは数字ではじき出されますが、機械的な計算式では合理性と平等性を期する上で、不都合が生じるようになったため、これに総合的に「部長評価」という部長が決める評価を加えるようになりました。

「数字の結果は悪いが、この環境の中では頑張っている」

目標を達成できない部下には部長として助言します。ここで部長の人間観察力やコミュニケーション能力が問われるのです。

「君はちょっと背伸びしすぎだ。自分が達成できると思う目標を立てろ」

一方、計画より一〇〇点も上回っている場合、「計画そのものに問題があるのではないか」という分析ができることもあります。

「もともとの目標が低いから、こういう結果になるんだ。もうちょっと目標を高く掲げてやれ」

役員を含めて成果と実績に応じて報酬を支払うというシステムでしたが、実施してみるとここでも計算式だけでは大きな欠陥が露呈し、部長の報酬が取締役を超えるなど、いろいろ不都合が生じました。業績評価にも一定の上限と下限が必要です。

簡単に言えば「個人の能力、その時々の経済状況によって給料は変わる。ただ総合点としての限度は一応設ける」という賃金制度を導入したわけです。

万人が満足するような公正な給与システムはありえません。その都度、マイナーチェンジを繰り返しながら、よりよい制度にしていくしかありません。

グローバル化が進みコロナ後も「変わらないもの」

アメリカでは「ジョブ・ディスクリプション」と呼ばれる「職務記述書」がなければ、各人の仕事が成立しません。

具体的な職務内容や職務の目的、責任・権限の範囲のほか、必要とされる知識や技術、資格、経験、学歴などが記されます。一定の基準はありますが、その人のスキルや経歴、実績によって初任給が違います。

欧米では管理職と部下が、給与と評価をめぐる議論を延々と繰り広げます。外資系の部長クラスに聞くと、アメリカ企業の管理職の最大の仕事は、部下の評価と給料査定のようです。そんなふうに業績評価主義が徹底しています。

個人が達成した成果に対して応分の報酬を与える。個人主義に基づいて仕事を分解していくような欧米型の成果主義は、日本の企業文化にはなじみません。日本はリーダーの下にメンバーがいて、チームプレーで力を発揮するチーム経営だからです。

日本企業のチーム経営の核となるのが、幹部たる部長クラスです。部長がチームとしての目標を明確にして、それを達成するために一丸となって当たる。目標に到達したときに、チームが全員で喜びと充実感を共有する。

欧米からはなかなか理解されませんが、日本企業の強みはそういったところにもあるのです。

家族主義的経営とか経営家族主義と呼ばれるシステムは、年功序列や終身雇用制度の瓦解で一見廃れたように見えます。しかし、それは日本人の気質や風土に根付いたスタイルなので、いくらグローバル化が進み、ルールや制度が変わっても簡単に変わることはありません。

私もそうですが、会社を退職した人たちを見ていていつも思うのは、サラリーマンの財産は人の絆だということです。一緒に仕事をして苦楽を共にしてきたことから生まれる仲間意識と連帯感は特別です。退職後も連絡を取り合い、集まっては楽しそうに語り合っています。

「自由に生きたい」と何度も転職したりフリーランスで働いたりするのも一つの生き方ですが、同じ会社で長く働くことは、退職後の人生に潤いを持たせるという効用が一方であります。高齢化社会の日本において、これからも大いに再評価されてもいいことではないでしょうか。

女性のパワーと発想を取り入れる

企業の最大の資産は人材であり、日本の企業はいわば「全員野球」ですから、メンバー全員が力を発揮するとき、その企業は人材のパワーをフル回転させて成長する組織になります。

そのためには、会社が年齢や性別、国籍などに関わりなく、みんなが同じように働くことができる環境を整えることも必要でしょう。

そんな考えに基づく「人材多様化推進計画」も注目されました。具体的には「一〇年後に役員の半分を女性とノンジャパニーズにする」ことを掲げ、女性総合職の比率を倍増させることを目標としました。

三〇～四〇年前、女性の総合職は皆無でした。私はアメリカで九年働き、その後も各国に海外出張するたびに会議には必ず女性が出席していましたが、日本人女性が登場することはついぞありませんでした。

社内外で男性だけで固まって談笑したり酒を注ぎあったりしてベタベタしているのは、私からすればちょっとヘン、海外から見ると異様ではないか。入社以来、そういった意識はずっと持っていました。

加えて、ずっと仕事をしていた自分のワイフを見ても、女性のほうが実は仕事ができるんじゃないかと思っていました。私以外にも同様に感じている男性陣は、けっこういるはずです。

実際、21世紀職業財団をはじめさまざまな組織が、「女性の活用が進んでいる企業ほど業績がいい」「女性役員の比率が高い企業ほど利益率が高い」といった調査結果を出しています。

考えてみれば、日常生活の周辺において消費の決定権はほぼ女性にあると言っていいでしょう。だったら、その潜在的な可能性を十分活用しないのはもったいない。

女性の発想やパワーを積極的に取り入れることで、企業からもっと新しいビジネスの芽が出るはずです。だから課長時代は、事務職や総合職などにかかわらず、男性社員だけではなく、女性社員にも声をかけていました。

「商売になりそうな企画、これはと思う新しいアイデアがあったら誰でも何でも言ってくれ。遠慮することはない」

当時、女性社員はそんなふうに声を掛けられたことはなかったので、言われたほうは面食らっていました。一方でまじめに考えた女性もいました。

「ビューティーショップみたいな店をやったら、けっこう売れるんじゃないでしょうか」

「おい、それいいじゃないか」

実際に女性社員からアイデアが上がってくることは、それほど多くはありませんでした。入社以来、そうした教育をせず、仕事もさせていないのだから、当たり前といえば当たり前です。それをもって「女性にはやっぱり無理」と判断するのは単なる偏見でしょう。入社時から男性と同じように育てる仕組みをつくれば女性も力を発揮できるはずです。

部長時代に会社で初めて女性を海外出張させました。人事部は当初、「女性一人を海外に行かせるのは危険です」と反対しましたが、「そんなに心配なら私が保証人になるよ」。

結局、一週間余りのオーストラリア出張を実現させました。前例を作れば、次の希望者が手を上げ、さらに後任の部長にもつながっていきます。

気をつけなければいけないのは周囲の目です。抜擢された女性社員が萎縮してしまうからです。

「私だけが依怙贔屓《えこひいき》されると、いろいろ疑われます。上司と特別な関係があるんじゃないのか、とか……」

「そんなのあるわけないだろ！」

私の経験で言えば、女性は自分一人だけがよく思われたり、「あの子はできる」という評判が立ったりすることを嫌う傾向があります。後で仕事がやりにくくなるというのです。そういった特有の事情も、だんだんわかるようになってきました。

見える壁と見えない壁

男女雇用機会均等法が施行されたのは一九八六年。女性活躍推進法の施行が二〇一六年です。しかし、いまだに職場における女性の活用は進んでいません。世界経済フォーラムが発表した「ジェンダー・ギャップ指数２０２０」で、日本は一五三ヵ国中、過去最低の一二一位、経済分野では一一五位でした。

コンサルティング会社「プロネッド」の調査によると、東証一部上場企業の取締役のうち女性が占める割合は二〇二〇年七月時点で七・一％、うち八割は社外取締役です。重要な会議の参加者が男性ばかりという光景も相変わらず。三〇年前に掲げた目標もなかなか実現しません。

つまり、これは現在進行形の問題です。学校の成績や新卒採用試験も女性のほうが断然上位です。それが会社に入った途端、男性優位となるのはどう考えてもおかしい。

少子化で優秀な人材の確保はだんだん難しくなっています。部長、課長という管理職の問題を考えるにあたっても、女性の活躍は大きなテーマの一つでしょう。

私は、会長だった二〇〇五年に厚生労働省の「女性の活躍推進協議会」の座長に就任して、この問題を考えてきました。

なぜ女性の活躍が進まないのか。ひと言で答えれば、トップの責任です。

「このままでは企業の活力がなくなる」という危機感をトップが自覚できるかどうか。

組織や制度をいじっても、トップが確固たる理念を持って、意識的に女性に仕事を任せていかなければ、長年の男性社会は変わりません。トップが繰り返しメッセージを発すべし。長く地道なトップの努力の積み重ねが結局、問題を解決するのです。

理屈はもう十分でしょう。問題はいかに女性の活用を実行するかです。

実行の障害になる、女性の活用が進まない理由には、「見えるもの」と「見えないもの」の二つがあります。

「目に見える壁」を取り除くことは、さまざまな形で会社側も試みています。例えば女性の採用数や幹部職、総合職数のアップをはじめ、育児・介護制度の改善、フレックスタイム制の導入、社内託児所の設置といった制度改善、職場環境の整備です。

仕事と育児の両立に必要なのはお金か時間か、その人に合ったものを選べるよう、できるだけ多くのオプションを用意する必要があります。

私が配慮したのは、「女性社員を役員に起用する場合は必ず二人同時に」ということでした。女性が少なければ周囲の目が集中し、本人も萎縮して力を発揮しにくくなります。私は女性ばかりの会議に男性一人で参加したことがありますが、社長でもなかなか発言しづらい雰囲気です。女性の人数を確実に増やすとともに、昇格などにあたっては、一人ではなく複数を同時にという配慮が必要だと思います。

一〇〇年単位の改革

もう一つの「目に見えない壁」はマインドです。実はこちらのほうが厄介です。これは女性自身のマインドもあれば、男性のマインドもあります。

まず女性の意識改革です。女性に仕事を頼むと「自分にはできない」「自分はまだ力不足です」と尻込みされるケースがままあります。「上司のように責任を負いながら、ハードに働きたくない」と昇進を避ける傾向も見受けられます。

「誰かがやってくれる」という甘えが、女性の側にもあるのです。「女だてらに」という男性優位の価値観を内面化している女性もいます。

仕事や昇進に尻込みしていたら、苦労するのは後に続く女性たちです。私の現役時代はもちろん、こうした傾向は今に至るも変わらず残っていると思います。

家庭で育児も社会貢献ですが、会社で働くことも大きな社会貢献です。女性にも社会の半分を担うんだという責任感を持ってもらいたいと思います。

そして男性側のマインド。自分よりも若い後輩が上司になったときの抵抗感と同じく、女性の課長や部長の下で働く男性の抵抗感は表には出なくても、根強くあるようです。

最近はなくなってきたと思いますが、以前は女性社員が取引先を訪問すると、「うちの会社を軽く見ているんじゃないか」と怒りだす顧客がいました。重厚長大産業に多い傾向でした。

私が社長をしていた二〇〇〇年、アメリカで法律事務所のパートナーをしていた日本人女性が入社しました。彼女は法務部長代行から大手総合商社初の女性執行役員・法務部長を経て、現在、伊藤忠インターナショナル会社社長（CEO）を務めています。総合商社初の海外現地法人女性トップへの抜擢です。

彼女の発案で社内に「ダイバーシティ委員会」を立ち上げ、ベテラン社員が若手社員をサポートする「メンター制度」を導入しました。

何百年も続いた男性社会です。だから簡単には変わりません。これは一〇〇年単位の大改革になります。しかし、女性の活用は現在の時代動向からしても、間違いなく一つのトレンドとして避けて通れないことは確実です。

会社のルールをぶっ壊せ

女性だけではなく、日本の企業は外国人にとっても働きにくい職場です。成果主義が十分浸透しておらず、年功序列的な部分がまだ残っているのが一因です。

しかし女性と同じように今後、外国人社員がさらに増え、課長や部長といった上司に外国人が就くことも増えていくでしょう。

ある米国企業のトップから聞いたことがあります。

「優秀な外国人が日本で働きたがらない理由は給与の額ではなく、不透明な人事制度だ」

日本はチームで仕事をするので、個人の成果が評価されることが少ない、そのため優秀な人材が正当に評価されない、と映るようでした。

私は日本企業の単色的な風土を多色性に変えていくべきだと思います。世界ではイノベーションを起こすため「頭脳獲得競争」が起きていますが、日本はその流れに完全に乗り遅れています。このままでは一周どころか二周三周の周回遅れとなります。

いろいろな外国語を話す、海外の企業経営者や研究者がどんどん日本に来るような透明度の高い人事・給与制度を考えていく必要があります。

海外で働く外国人を対象にしたさまざまな教育プログラムも導入されるようになりました。

海外の支店で働く課長クラスを日本に呼んで二週間ほど教育をする。部長候補者には二ヵ月間ほど教育し、海外支店の部長につける。現地社員の選抜エリートに約一年間、日本で経営システムや自社の企業理念などを教える——。

世界の全拠点の業務が対日輸出を中心に考えがちですが、日本のマーケットは世界におけるマーケットの中の一つに過ぎません。だから現地の社員や経営者は必ずしも日本人である必要はないのです。

規則なんて、あってなきがごとしです。私はいつも、

「会社のルールをぶっ壊せ」とか、

「会社の中に騒乱を起こせ」と訴えていました。

そこまで言わなければ、会社は変わりません。

均質の人間やイエスマンだけで仕事をする時代は終わりました。私たちが生き残るためには、あらゆる国の人たちと仕事をしなければなりません。

漁師は獲ったナマコを生きたまま船で港へ持ち帰る際、その中に天敵のカニを一匹入れると言います。「食べられてしまうかもしれない」という緊張感がナマコの生命力を引き出すのだそうです。

「天敵」とまでは言いませんが、バックグラウンドが異なる者同士が共存することで未経験の刺激や思わぬ化学反応が生じます。それが時に新しいビジネスの創造につながっていくのです。

第四章　上に立つ人間がすべきこと

――夢とビジョンを語れ

平社員と管理職の違い

課長や部長になって平社員時代と何が違うかと言えば、責任を持つ範囲がぐんと広がるということです。

それまで自分の責任の範囲は、自分自身やせいぜい家族です。そのためには自分がひたすら一生懸命に仕事をしていればよかった。しかし部課長クラスになると、そういうわけにはいきません。

管理職に就けば、部下を持つようになります。すると、その部下とその家族にまで心を配らなくてはなりません。管轄する部署が赤字になれば、自分の収入ばかりか部下の収入も減り、その家族にも影響を及ぼします。役職に就けば、他人の人生の責任を背負う自覚が必要になるということです。

会社全体の業績が振るうか振るわないかの責任は社長にあります。同じように部全体の業績の責任は部長にあります。その責任をどう果たしていけばいいのか。

責任を持つ部下の能力を伸ばし、生かす。これに尽きます。会社にとって最大の資産は人間だからです。

リーダーは人間という資産をどう活用すべきかを考えなければいけない。部下の能力を生かすも殺すもリーダー次第ということです。

私たちの考えや価値観は、今自分が置かれている環境に強い影響を受けています。偶然か必然かはさておき、入社した会社の環境に左右され、上司の考えに影響を受けます。だから企業にはそれぞれ社風があり、それが受け継がれ、知らず知らずのうちに社員の人生観や言動にも何がしかの〝空気〟が漂うようになるものです。

前述したように日本の企業の特徴はチーム経営です。個人ゲームに近い欧米の企業に対して、チームをつくって仕事をする。となると、自分の職場にどういう人間がいて、どういう人と一緒に仕事ができるかが決定的に重要になります。

チームは、部長が部員たちの心と心をつなぐことで、仕事の達成感や喜びを共有するようになります。

そのために部長は部下に「夢とビジョン」を語る必要があります。

夢は思いの結晶であって、その思いを、現実を基盤としたビジョンに落とし込みます。夢に向かって現実との間でビジョンを構成していく。ビジョンを達成するために、これから何ヵ月後、何年後にこれを実現しようという目標を立てます。

夢やビジョンをみんなで共有することによって、仕事の目標と各自の責任ある役割が明確になり、部員のやる気もやりがいも出てきます。部長の役割は、その目標を達成したときに、チームが一丸となって「万歳」と叫べるような組織にしていくことです。

夏休みに出していた「宿題」

私の経験をもとに記していくと、課長になれば、関係のある部のビジョンを抜きに仕事の将来は語れません。部の夢を語ったり、ビジョンについて議論したりするに際しては、別に上司の了解はいりません。絶えず「仕事で夢はないか?」「自分のビジョンは何だ?」と部下と話し合います。

部下に夢があるならば、上司としては「おまえがそこまで言うんなら、一度やってみようではないか」となる。

部長になれば、夏休みに課長も含めて部員全員に「宿題」を出す。

「わが部はこれから四、五年で何をしたらいいと思うかについて、具体的なアイデアを二枚ぐらいにまとめて書いてこい」

そして部長自らが常に夢とビジョンを語っていく。社長になれば、部長に毎週か毎月の部会を通じて部員と直接対話し、各部の夢やビジョンを共有することを実行してもらう。

その一方で社長は、半年ほどかけて全部長と一時間ずつ個別に面談をする。個別の面談には理由があります。特に日本では集団で面談すると、みんな本心を口にしません。隣を見ながら「こんなことを言っていいのか」「バカにされないか」と気にします。

個別面談ではまず社長から思う存分発言します。

「君の部は儲かっていないな。どう思っているんだ?」

言われたほうはギョッとします。そして、

「おまえの夢は何だ?」とおもむろに聞くのです。

部長たちは社長の前ではみんな優等生です。

「部員たちとの話し合いをやっているか?」と聞けば、

「やっていません」と答える者は一人もいません。

しかし、その言葉を鵜呑みにはできません。

「やっております」と答えても、その「やっている」は往々にして「わかっている」という意味です。「わかっている」と「やっている」では意味が違う。「やって」初めて「わかった」ことになるからです。

問題はどういう話し合いをしているか、その中身です。時々「社長がこう言った」「会社はこういう方針だ」と伝えるだけの部長がいますが、これは責任逃れ、リーダー失格です。自分の言葉を持たない人間は人の上に立てません。

たとえ社長の意見と異なる考えを持っていたとしても、あるいはまったく同じ意見だったにしても、自分の言葉で、自分の責任でものを言う必要があります。でなければ、単なる伝書鳩にすぎません。

反面教師としていた部長

会社には尊敬すべき上司が少なからずいます。自分の人生に大きな影響を与えた上司もいます。

しかし私は、自分が部長になったときに参考になったのは、どちらかと言えば、「こういう部長には絶対にならないぞ」「部長になっても、こういうまねは絶対にしないぞ」と思わせる部長です。いわば反面教師としての上司です。

どこの会社、どの部署でも尊敬できない上司はいるものです。自分の失敗を部下になすりつける。不満を部下にぶつけて発散する。部下の手柄を横取りする。保身のために平気でウソをつく……。

私は小生意気な社員でしたから、気に入らない上司には時には平気でたてついたりしました。平社員のころ、新人社員がミスを謝っているにもかかわらず、同僚の面前で徹底的にいじめている上司に堪忍袋の緒が切れて、正義感から大声で文句を言ったこともありました。若気の至り、青臭い未熟者でした。

弱い者いじめをする上司は論外としても、もっと些末《さまつ》なことで反面教師とする場面にも多々遭遇しました。

「おれが部長だったら、ああいう言い方はしないな」

「こんな細かいことで、ごちゃごちゃ言ってちゃダメだよ」

「一杯飲み屋でも割り勘か。おれが部長なら全部おごるな」

「自分ならこうするのに」と歯がゆい思いをしたり、腹立たしく感じたり、中には何年間も心に残るようなこともあります。それが真剣なものなら簡単には忘れません。

課長時代から部の将来ビジョンを語っていた私は、他の多くの人がそうしているように、まだ何の役職もない頃から自分が上司の立場ならどうするかというシミュレーションを無意識にしていたのかもしれません。

それは出世欲とか上昇志向とは関係がなく、部長なら部長の立場で、どれだけ仕事の幅を広げ、質をアップできるかを私なりの知識と経験で思い描いては自己満足していたというい け好かない性格によるものだったようです。

「おれが部長なら、もっと若いうちから部下を海外に出すだろうな。それも少数精鋭ではなく、できるだけ多くの若手に短期間でも外の風に当たらせたほうがいい」

折に触れてそう思っていました。私自身は入社六年目でニューヨーク駐在となり、当時ではかなり早いほうでしたが、それでももっと若いうちに行っておけばよかったと感じることがありました。時代の流れでもありますが、前述したように、この思いは社長になってから実現、制度化しました。

私が上司を反面教師として学んでいたように、当然、私も部下の反面教師になっていたはずです。

「自分ならもっと優しい言い方で注意するな」

「何が『清く正しく美しく』だ。美辞麗句じゃ世の中は変わらないよ」

そんな批判もあったでしょう。そう考えれば、どんな人間も反省材料になります。そうして、いつも自分の上下左右を教師として自分の糧にしていくことです。

上に立つ人間がすべきこと

人を生かすには、それぞれ異なる生活や個性や考え方を知る必要があります。場合によっては公私にわたる相談に乗り、面倒を見ていくことも必要です。

私がニューヨークから九年ぶりに帰国して初めて課長になった時、最初にしたことがあります。それは、忘れっぽい性格でもあるため、人事部に行って自分の部下全員の顔と履歴を覚えることでした。そして単に出身地や出身大学だけではなく、これまでどういう上司のもとで、どんな仕事をして、どういう評価をされてきたかをできるだけ知るように努めました。

家族構成や居住地も大事です。今どういう生活をしているのか。奥さんや子どもはいるのか。介護や看護を要する家族を抱えていないか。どこからどれほどの時間をかけて通勤しているのか。

人の上に立てば、自分の部下のことをよく知ろうと努力するのは当然です。一人ひとりの部下が歩んできた軌跡や今ある環境について知っておかなければ、仕事上の悩みや人生相談にも乗ることはできません。

なにしろ部下を評価するにしても、数字に表れない部分は部長が判断して決めるのです。それが給料の多寡や異動先を決めるとなれば、本人や家族の人生を左右することになります。いい加減な気持ちでは臨めません。

個々の履歴を頭に入れた上で、今度は個別に面接していきます。一回でわかることはたかが知れています。時間をかけて、じっくりと何度も話をしていくうちに、だんだんと人となりがつかめるようになります。

自分をことさらアピールする部下もいれば、他から部下の情報が耳に入ることもあります。上司へのごますりや毀誉褒貶《きよほうへん》は世の常です。自己申告やうわさ話は話半分に聞いておいて、すべては自分で判断するようにしました。

自分だけの見方、考え方には思い込みや限界があるように、他人の判断にも偏りや色眼鏡があるはずです。人間は自らの限られた体験や知見をベースにして小さな窓から世界を見ているものです。

だいたい人間の能力などどこに隠れているか、あるいは何をきっかけに花開くかなんて当の本人にさえわかりません。しかも一人一人違うので「あいつはこういうやつだ」とステレオタイプで捉えても、たいていは外れます。

だからこそ部長はしょっちゅう職場を出歩くなり部下を連れ出すなりして、部員と言葉を交わす機会をつくり、どういう生活をして、どういうことを考えているか、よく見知ることが必要なのです。

「もうそういう部長は流行らないよ」という声が聞こえてきそうですが、ここに流行り廃りはありません。

部下のほうにしても「今度の部長はどういうやつなんだ？」と値踏みしているはずです。私の場合はニューヨーク時代から名前が内外に知られていたので、

「今度来るのは最年少の課長だそうだ」

「新聞や雑誌にもかなり投稿しているよ」

などと興味津々、あるいは戦々恐々としていたかもしれません。

部下は上司を実によく見ています。そして、ふとした言動から「あの課長は部下をえこひいきする」とか「あの部長は下に強いが上にはめっぽう弱い」などとたちまちのうちに評判が広がります。

私自身の経験から言えば、上司が部下を知るには、部下が上司を知る何倍もの時間と努力が必要です。

そう考えると、例えば部長が把握できる部下の人数は、学校のクラスの生徒数と同じ三〇人程度が限度ではないでしょうか。それ以上になると、一人ひとりと信頼関係を築いていくことは難しくなるように思います。そして信頼関係を築いていかなくては人を生かすことはできません。

部下の才能をいかに引き出すか

上に立つ者の最大の責任は、部下の才能をどう引き出し、どう仕事に生かすか。すなわちそれぞれの社員の才能を把握して、それにふさわしい仕事を与えるということです。

ある本で、こんな挿話を読んだことがあります。

一匹のサソリが川まで歩いてきた。川のほとりにいたカエルに言った。

「この川を渡りたいのだが、カエルさん、私を背中に乗せて向こう岸まで連れて行ってくれないか」

これに対してカエルは答えた。

「お断りします。だってサソリさん、あなたを乗せたら、あなたは私の背中を刺すでしょう」

そこでサソリは言った。

「刺すわけがないだろう。だってもしも刺したら、カエルさんごと自分も川に沈んで死んでしまうじゃないか」

カエルは納得してサソリを背中に乗せて川を渡り始めた。真ん中あたりで、カエルは背中に鋭い痛みを感じた。サソリが刺したのだ。そして二匹とも川に沈んで死んでしまった。

さて、この話の教訓は、「刺すこと」はサソリの本能と才能であり、そのDNAは変えられないということです。

私は人間も多分同じだと考えています。つまり人間にも言ってみれば「才能DNA」があり、これは変わらないのではないか。

人間にはそれぞれ天性がある。それとは異なる、努力や訓練で成長する能力——たとえば「組織を引っ張って成功に導く才能」「一人でコツコツ励んで成し遂げる才能」「人と対話することに喜びを覚える才能」「他人の幸せを自分の喜びにできる才能」など、さまざまな才能もあります。

課長は課員、部長は部員、社長は役員の才能をそれぞれ見極め、できるだけそれに沿った仕事を与えなければならない。他人とのつきあいに才能を持つ社員に一人でコツコツとする仕事を与えたら、当人にとっても会社にとっても損失です。

同じような知識や経験、教育を得た人間に、同じような仕事を与えても、異なる結果が出る。その仕事を喜んでやるか、いやいややるかで自ずと結果は異なります。それはまさに才能の差、才能DNAの差かもしれません。

その人に合った会社やその人に合った仕事があり、その仕事を見出せれば、必ずその人にとって喜びを伴う仕事になり、会社にとってもプラスになるということです。

しかし「適材適所」とは、口で言うほど簡単ではありません。「豪胆な性格だから営業で新規の開拓に」「細かいところに気がつくからデスクワークを」などと簡単に色分けはできません。人間はそんなに単純ではないでしょう。

才能DNAとは真反対のことを言うようですが、人間の能力に大した違いなどありません。人は時に豪胆と繊細な心を併せ持ち、弱みが強みに変わるときもあります。向いている、向いていないなどと最初から自分の能力に見切りをつけることはありません。もし誰かが新規の顧客を獲得する力があるとしたら、それは人一倍の努力をしているからです。普通の人が三時間かけるところを、その人は五時間かけている。差がつくのは能力ではなく、努力です。

もう一つ付け加えるならば、学歴は仕事をする能力とはほとんど関係ありません。偏差値教育の弊害は非常に根深いものがあります。大学は偏差値でＡＢＣＤなどとランク付けされ、Ｄランクの大学出身者は最初から出世をあきらめ、Ａランクの大学では教員自体が「私のところはＡランクですから」などと威張っています。

偏差値などで自分の人生をランク付けするのは愚の骨頂です。断言しますが、学歴なんてものは、社会に出れば自分の力でどうにでもひっくり返せます。

人間に差が出るのは、偏差値によらない生命力、精神力、人間力です。社会人になってもいまだに学歴を気にしたり、逆にどこかで自慢に感じたりしているのは、自分で仕事の能力に枠をはめているようなものです。

認めて任せて褒めれば人材は育つ

あなたが今の仕事を選んだのはなぜか。得意だと言える分野を持てたのはなぜだろうか。さかのぼって考えると、子ども時代や学生時代に、親や教師から褒められた経験に行き着くのではないでしょうか。

私の場合はそうでした。「よくできたね」と言われて得意になり、もっと褒められるために努力する。それは人間の本質に根ざした姿だと思います。

仕事の世界もまったく同じです。年を経て経験を積んだビジネスマンでも、褒められれば、あっという間に木に登る。そこに部長が部下の才能を生かしていくための秘訣があります。

人は生まれつき人を喜ばせたい、人に褒められたいという性質を持っているようです。大事なのは、部長が部下の存在を人間として認める。仕事を信頼して任せる。よくやったときに褒めることです。

多くの人と同様、「認めて、任せて、褒める」が、私にとっても「人材育成の三大要素」です。部長が部下をうまく使えない場合は、この三要素のどこかが欠けている、あるいはすべてが欠けていると思っていいでしょう。

認めることからすべてが始まります。人間をダメにするのは簡単で、まず無視することです。おはようと言われても黙ってまっとうに扱わない。部長が部下を認めてやらなければ、部下だって部長を人として認めません。

部下の様子に気を配り、「今日はなんとなく元気がないな」とか「昨日の小さな失敗を気にしているな」と感じたら、「おい、顔色が悪いぞ。大丈夫か」と声をかけてみる。絶えず気にかけて言葉をかけることで「おまえのことはちゃんと見ている」ということが伝わる。相手は自分の存在を認めてもらっていると実感します。

二つ目は、指示したことだけを部下にやらせるのではなくて、あるいは、いちいち報告させて、その都度指示を出すのではなく、信頼して仕事を任せることです。

部下に権限委譲する場合、どれだけ任せればいいのかはその都度判断する以外ありません。ルールもマニュアルもありません。「この部下に任せられる」と思ったら「やってみろ」。あとは部長が責任を取る勇気を持つだけです。

私はある期間、一緒に仕事をして「これは信頼できる」と見込んだ部下には、たとえ未熟な部分があったとしても、任せるときは百パーセント仕事を任せ、

「責任はおれが取る。すべておまえに任せた。その代わり結果だけは報告してくれ」

あとは余計なことをいっさい言わないようにしていました。相手が新人だったり仕事に慣れていなかったりする場合はなかなかできませんし、仕事によってはリスク含みの勇気のいる決断です。

しかし「誰かがチェックしてくれる」「ミスを犯してもフォローしてくれる」と本人が

思っていたら、仕事に甘えが生じます。逆に百パーセント任されれば、本人は期待を裏切らないよう取り組むはずです。上司に信頼されているという自覚が働く意欲をかき立てるのです。

ついつい自分がやったほうが早いし安心だと思ってしまいますが、部下の将来に期待するのなら、多少失敗してもリカバーできる小さな案件から全部任せてみる。トラブルが起こったらなぜ起こったのか、赤字になったのならどこに原因があったのかを当人に考えさせるようにすることです。

三つ目は褒めることです。小さな仕事でも、一生懸命やったら「よくやった」とみんなの前で褒める。褒められれば誰でも「よっしゃ、また頑張るぞ」と意気が上がります。「おまえを頼りにしている」「おまえがいないと仕事が回らない」と言われたら、人間は必死に仕事に取り組みます。自分一人の力で成長するほど伸び代は大きくなります。そして達成したときの満足感や喜びもひとしおです。

年功序列が崩れつつある今の時代、若い人たちは我慢して働き続ければ出世して幸せな会社員生活を送ることができるなどとは考えていません。自分の仕事は自分を高めているか、社会や誰かのために役立っているかと自問自答しながら仕事をしています。

それに対して部長は夢とビジョンを語り、部下の具体的な目標や仕事を評価し、褒める。それは給料とは別の、仕事をするやりがい、生きがいになり、モラルの向上につながります。

プライドの高い官僚を虜にした元首相の田中角栄は大臣時代、課長以上の公務員の誕生日だけでなく、家族構成や結婚記念日、子どもの年齢や誕生日も把握して、どこかで偶然会ったときも、

「おう、君の息子、今度、小学校入学だろう」

「おい、奥さん、あれから元気になったか」

などと声をかけたそうです。それは彼一流の人心掌握術だったと思いますが、やはり組織の親分としてそれぞれの存在を認め、人材をどう生かすかを考えていたと思います。彼が言っています。

「手柄は相手に与えて、ドロは自分がかぶる。えこひいきせず、名指しで批判しない。叱るときはサシで叱る。褒めるときは大勢の前で褒める」

我が意を得たり。上に立つ者、すべて肝に銘じるべきでしょう。

優秀な社員ほど厳しい職場に送り込む

人間はつらいことよりも楽なほうを選んでしまう傾向があります。「厳しい北風」を避

け、「暖かい太陽」のほうに向かってしまいます。

しかし、つらい仕事こそが愚者が賢者になる道です。苦しい仕事に力を尽くすことが自らの傲慢を叩き、やさしい心を育て、人間を大きくする。苦しい仕事をすればするほど人間的に成長できる。だから私は言います。

「若いときは厳しい仕事を喜んでやれ」と。

最初から順風満帆な会社や楽な仕事に就いたら、逆に不運だと思ったほうがいい。赤字の職場や困難な仕事が当人の底力を養うからです。だから私は、これぞと見込んだ人間ほど、一時的にせよ、厳しい環境に送り込もうとします。

私が本部長時代の話です。ほぼ同世代の部下が「これはわが社でぜひやるべきです」と熱心に力説するプロジェクトがありました。取引先の食品会社が日本で稼働させている工場をシンガポール、インドネシア、マレーシアにも展開し、自社もそこに出資する計画でした。

「わかった。じゃあ具体的にどれくらいの資金が必要か経営計画にまとめてこい」

彼は懸命に計算して経営計画を提出してきました。

「それで結局、これはどれくらい儲かるんだ？」

「その点について確かなことは言えません」

「新規事業は最初からは儲からないぞ。現地の担当として赴任する人間は大変だ。誰を現地に派遣するつもりなんだ?」

「まだ決めていません」

「三年も四年も赤字だったら、そいつの将来はどうなる? 誰も行きたがらないだろう」

「しかし、たとえ儲からなくても、わが社としてこれはぜひやるべき案件です」

「よし、それほど意義ある仕事なら、知識も経験もあるおまえが行って稼いでこい」

即断即決でした。本人は青天の霹靂《へきれき》です。まさか自分が現地に行くとは思ってもいませんん。しかし自分が「やるべきだ」と熱く語ったプロジェクトだけに断れません。

一方、自分が行かされるのではと思っていた部員は拍子抜けです。周りにも動揺が広がりました。

「あんなに優秀な人間を現地に行かせてしまっていいんですか?」

「いやいや、優秀な人間が『これはぜひやるべきだ』と言うからいいんだ」

発案者の当人が現地に赴任し、結果的に計画は失敗しました。儲からなかったのです。しかし私は赴任前に本人に伝えていました。

「一生懸命やれ。おれはちゃんと見ている。精一杯やって失敗したら、それはもともとの計画が悪いのかもしれない。そのとき、あらためて考えよう」

もしそこで「現地に飛ばされた」とふてくされたり、「おれはもう出世できない」と仕事を投げたりする態度を見せていたら、私は見限っていたと思います。でも彼は現地で全力を尽くした。だから帰国後、労に報いました。

「おまえだから、こうして戻ってこられたけれど、他の部下なら無理だったかもしれない。いい経験をしたと思ってほしい」

私は彼が手を抜くことなく厳しい仕事をやり抜くだろうと見込んでいました。そして結果はどうあれ、彼は手を抜かずに苦境を乗り越えてやり抜きました。そこで彼は大いに鍛えられたはずです。次はきちんと結果を出せるプロジェクトを提案しようと思ったのではないでしょうか。

部下を叱ったときのフォロー

部下の能力を見極めるのは部長の仕事です。

「優秀だけど、やっぱり彼はここまでだな」

「もうちょっと伸びそうだが、このまま行くと危ないな」

仕事で有頂天になっている部下は呼びつけて戒めるのも部長の仕事です。

「おまえは確かによくできるが、手を抜くなよ」

まったく無能な人間はいません。企画力はないがコミュニケーション力は抜群だ。仕事は遅いがとにかく確実に仕上げる。それぞれの強みと弱みを見極めて仕事を依頼します。まったくやる気がないようなら、無理に仕事をさせる必要はありません。

「いくら言っても早く家に帰りたそうだ。この仕事から外すから早く帰れ」

遠慮する必要はありません。そのほうが互いのためだし、いやいややってうつ病になったりしたら大変です。

全員が出世するわけではありません。部長になるのはごく一握りです。それ以外の社員がどこまで昇進し、最後はこういうポジションで……それを考えるのも部長です。

その意味では人生の良き相談相手になることです。人間、誰しも元気なときばかりではありません。部下が相談に来たときは気軽に応じる。元気のない部下がいたら「おい、どうした」と言葉や行動に移す。

心がけたいのは自ら相談や報告をしやすい環境をつくることです。私は物言いが単刀直入、ポンポン言うタイプなので最初は怖がられていたようですが、こちらが話しかけづらい態度でいれば、相手は言いたいことも言えません。つまり相談や報告が来ないのも部長の責任です。

なかでも優等生タイプの人間は、上司にミスを報告できずに、なんとか自分でやりくりしようとしがちです。それがかえって傷口を広げることにもつながります。

「相談や報告をしやすい環境づくり」といってもそう難しいことではなく、

「おーい、あれどうなった？」

「あの案件は進んでいるか？」

「変わったことないか？」

と、こちらからマメに話しかければ済む話です。

部長から頭ごなしに叱られれば、それだけで萎縮してしまいます。特に若手社員は上司に言いたいことがあっても言えないものです。

私は大きなミスをした部下を叱ったときは「おい、今日は飲みに行くぞ」と、その部下を連れ出していました。酒を酌み交わしながら、なぜ自分が叱ったのかを説明します。こちらが言葉を尽くせば、部下は状況を理解します。管理職は部下と胸襟を開いて話す手間を省いてはいけません。

「最後まであきらめるな。仕事のやり方、まだ手ぬるいぞ」

「おまえには苦労かけるなぁ」

「今日は仕事なんか放って早く帰れ」

部長がそういうタイプではない場合、部長代理がフォローする。

「部長はあんなこと言ってるけど、話半分で聞いておいたほうがいいぞ」
「部長は先に帰ったから、おい、ちょっと一杯行こうや」

なんだかしょっちゅう飲んでいたみたいですが、実際、部下たちとは毎晩のように飲みに行きました。仕事を終えて飲みに行く場合は、特定の人だけではなく、まんべんなく声をかけました。部下とはフェアに、オープンに付き合うのが原則です。

難しい話など一切しません。「最近、どうだ」「高校時代は何してた?」。ざっくばらんに飲んで、自分からは「もう帰ろう」と言わず、最後まで付き合うようにしました。

そんなのお金が続かないよ、という悲鳴が聞こえてきそうですが、私は社長になったあと、部長らに「部長といえども社内は自分で払える安い飲み屋にせよ、困ったら話しにこい、決して間違ったことをしてはいけない」と言い聞かせていました。

社内交際費は法的には問題もありますが、杓子定規に考える必要はありません。部長が部下の異動希望や仕事の悩みを聞くのは会社の仕事の一環です。ポケットマネーを渋って部下との対話という職務を果たさないのは本末転倒です。

その代わり部下の話をきちんと聞くこと、そして「行く先は近所の安い焼き鳥屋ぐらいにしておけよ」と伝えていました。

他人のことは言えない「酒をめぐる失敗」

そう言えば、何十年も前のことです。若手社員が酔って殴り合いのけんかになり、警察沙汰になったことがありました。翌朝一番、人事部と掛け合って自分が責任をとるから穏便な処分となるよう求めたことがありました。

やはり酔っ払った部下が他人の乗用車のボンネット上で踊って警察に連行されたこともありました。警察まで行って謝罪のうえ引き取りました。

「○○課の課長が東京駅の草むらで寝ていたところを見つかったそうですよ」

「しょうがないヤツだな」

それに似たたぐいのことは当時、普通にありました。酒は飲んでも飲まれるな。いや、酒をめぐる失敗については、私も他人のことは言えません。

しこたま飲んで帰宅途中、駅のプラットフォームで突然目の前が真っ暗になって倒れたことがあります。「大丈夫ですか？」「いや、大丈夫」。そのまま起き上がって電車に乗り込みました。

終電に乗って終点まで眠り込んでいたことも一度や二度ではありません。起きたらお金も泊まる場所もない。タクシーを呼んで三鷹の独身寮に戻ると、鍵がかかって入れない。塀をよじ登って二階の部屋のドアをドンドン叩き、

「おい、タクシー代を貸してくれ」。

以前はたばこを一日二箱のんでいました。酒はツケで飲む。居酒屋から自宅まで歩けば三〇分。ポケットにはたばこ一箱が入っていたので、一文無しでタクシーに乗って、

「運転手さん、すいません。お金がないので、たばこ一箱分だけ走ってください」

「しょうがないな、お客さん」

どこかで降ろされて、後は自宅まで歩いて帰宅。そんなことも時々ありました。とはいえ、入社時からどれだけ飲んでも翌朝は必ずきっちりと出社していました。先輩からそう教えこまれていたからです。

「酒を飲んで会社に遅刻するくらいなら最初から飲むな。飲んだときこそ、着替えなくても顔を洗えなくてもいいから朝一番に出社しろ」

この教えが正しいかどうかは別として、一つのけじめのようなものです。

だからぐでんぐでんに酔っ払って上野駅から東北本線に乗って終点まで寝ていたときも、自宅に寄らずに直接出社しました。酒を飲んでの狼藉やけんかのたぐいも一切ありませんでした。

近年、飲みに誘わない部長、誘っても行かない部下が増えているそうですが、私はこうした飲みニケーションは大事だと思っています。普段は口を閉ざしていても、お酒が入れ

ば本音が出てくることだってあるでしょう。

職場の外でのつきあいが、部下との距離をぐっと縮める役割を果たしてくれます。もし酒が飲めないのなら食事だけでもいい。課長のころ、土曜の午後に部下の女子社員を全員連れて、あんみつ屋に行ったこともありました。

最初から楽しい仕事なんてない

近年、入社後すぐに辞める社員が問題となっていますが、私自身、入社してしばらくは真剣に辞めようと思っていた時期がありました。一九六〇年代、「鉄は国家なり」と言われ、鉄鋼などの重厚長大産業がもてはやされていた時代です。私も当初は「どうせやるなら大きな仕事だ」と花形の鉄鋼関係の部署を希望していました。

ところが最初に配属されたのは油脂部という食糧関係の部署。「ユシブ」なんて聞いたこともなければ、漢字を見てもよくわかりません。それも大豆の担当。

「大豆は食糧としてだけでなく、搾油や家畜飼料としての需要もある。大豆の輸入金額で言えば、うちの部署は日本最大なんだぞ」

上司に自慢げに言われてもピンときませんでした。

仕事と言えば、簡単な翻訳、見積書などの検算、上司が書いた文章の清書といった雑務ばかり。大学で勉強した法律などおよそ関係ありません。「こんなことを続けていて意味があるのか？」と会社を辞めて大学院で学び、司法試験を受けようとも思いました。

大学時代にお世話になった先生に相談したら、

「わずか二ヵ月働いただけで仕事の何がわかるというんだ？」

と諭され、「それもそうだ」と思い直しました。

入社後三年くらいで会社を辞めたいと考える人の多くは、ガッツや根性がないのではなく、むしろ当時の私のように自負心が強く、自分の能力をたのみにしている人ではないでしょうか。

「こんな仕事ばかりでは自分の持っている力が生かされない」「もっと違う仕事で発揮できるはずだ」。そんな思いについ駆られてしまう。

しかし、そこでの誤解は「永遠に今のような仕事が続く」と思い込んでいることです。私の場合もそうでした。

会社に勤めて同じ仕事が何十年と続くことなんてありえません。それ以上にどんな仕事でも突き詰めてみると奥が深く、裾野は広い。知れば知るほどおもしろいものです。

誰もが希望の部署に行けるわけではなく、むしろ行けないほうが圧倒的に多いでしょう。行けたとしても、それがベストとは限らず、今後どの部署でどういう仕事をすることになるかなどわかりません。自分のイメージとはまったく違う場合もあります。行けば行ったで楽しみも苦しみもあります。

最初から楽しいなんて仕事はないでしょう。石の上にも三年。黙って命じられた配属先でとにかく三年は懸命に働いて、そのうえで「これは自分に合っていないな」「おもしろさも楽しさも見つけられないな」と思えば、そのときに転職を考えればいい。

ある大銀行の頭取だった方が「新人時代は会社で毎日のように封筒の宛名書きばかりさせられていた」という話を側近の役員から聞いたことがあります。

大学出をバカにするなと何度も会社を辞めようと思ったが、先輩から「いいから黙ってやれ。無駄になる仕事はない」と言い聞かされた。宛名を書く回数が多い顧客は銀行にとってそれだけ重要な取引先ということを意味する。おかげで課長や部長になった時、社内で最もお得意先の顧客の名前と住所を知る社員として評価されるようになった——。

どんな仕事にも意味があります。仕事を生かすのも無駄にするのも、本人の取り組み方次第。新人がやることはいわば基礎トレーニングであり、仕事をする上での土台になります。お金をもらって勉強させてもらっているという気持ちで取り組めば、いやいや働くより何倍も身に付きます。

退屈でも基礎的な仕事を長くやった人ほど、実際のビジネスの場面では飛躍的に伸びることがあります。逆にその部分で手を抜くと、その後の仕事は砂上の楼閣のごとく、もろく崩れやすいものになりかねません。

私自身も雑務をこなすうちに仕事の流れをつかみ、現業部門の数字から会社の経営が見えてきました。英語の活用も海外との接点となり、その後のニューヨーク駐在につながりました。

社員が辞める責任は部長にある

会社を辞める理由は、時代や経済状況によっても異なりますが、いくつかのアンケート調査を見てみると、離職理由の必ず上位に挙がるのが、給料や待遇などの労働条件以上に「人間関係が悪かった」という理由です。同僚や先輩、特に上司・部長とうまくいかなかった、というのです。

社員が辞める責任は一に上司・部長にあるように思われます。部長は部下の仕事ぶりや精神状態に気を配ってケアしているかどうか。それ以前に部長が楽しそうに仕事をしていなければ、それだけで働く意欲は削がれます。

ある財務部社員は、スカウトされた外資系銀行への転職を考えていたそうです。一年の締めくくりに社長が会社の各フロアを見て回る恒例の年末巡回の際、たまたま彼に声がかかりました。

「君が日経新聞とか東洋経済に寄稿している文章をおれは全部読んでいるぞ」

「えーっ、本当ですか！」

「会社の宣伝になるから非常にいいことだ。これからも頑張ってくれ」

感激した彼は転職をやめて最後まで会社を勤め上げ、今は大学客員教授のほか業界やメディアへの執筆者として活躍しています。「あの年末巡回がなかったら、早々と会社を辞めていたかもしれない」と振り返っています。

そういう私自身、長い会社員生活で、入社直後以外にも退社を考えたことがありました。ニューヨーク駐在から帰国する際、世界的な穀物メジャーから、

「向こう一〇年間、今の給料の三倍を保証するからアメリカに残らないか」

と誘われたときです。いわゆるヘッドハンティングでした。

当時の給料は円ベースで見れば、本社で受け取る給料の三倍以上はありました。その三倍ですから、破格の申し出です。ワイフは「私はかまいません。あなたに従います」と言います。しかし、一〇年後に契約が更新される保証はどこにもありません。新たな食い扶持を得られるだろうか――。

ハムレットばりに悩みましたが、いずれにせよ大変お世話になった上司と会社への恩義

があります。転職するにしても事情を直接話さなければいけないので、いったん東京に帰ることにしました。

ところが帰国後、久しぶりの銀座での大歓迎会が続きました。こんないい会社やお客様との関係を捨てることはない。しかもニューヨークと違って治安がいいので安心して暮らせます。ということで、アメリカには、「自分は住めば都の日本で仕事をまっとうする。大変申し訳ないが、お誘いを受け入れることはできない」という返事を送りました。

会社というコミュニティーでは、上司の励ましの一言や職場の雰囲気が、その人の人生を左右することがあるのです。

退社後の頑張りが問われる

会社を辞める理由に「人間関係」を挙げましたが、「上司や給料が気に入らない」といった理由ではなく、「この会社では自分の力は発揮できない」といって辞める新入社員もいます。

とくに商社には「一発当ててやれ」という山師的な人間がたまにいます。上司の言うなりに、ただ予算達成のために朝から晩まで駆け回るだけじゃつまらない。たとえ失敗しても、将来発展が見込まれるクリエイティブなことをしたい――。これは非常にポジティブな辞め方とも言えます。

しかし、一方でこういう社員は会社から見たら〝危険人物〟でもあります。トップや部長が彼の情熱なり意欲をうまくコントロールできれば貴重な戦力になりますが、肝っ玉の小さな部長の場合、ハイリスクの意見を受け入れることなど金輪際ないでしょう。

「だったら、ほかの場で挑戦しよう」という社員は出てくるし、実際にどの会社にもあることです。

私が社長時代に入社二、三年目で辞めていった元社員三、四人に話を聞く機会がありました。有望な若手が辞めることに危機感を覚えた社員が私にメールで打診してきたのです。

「いずれも優秀な若手で将来、会社を背負って立つかもしれない若者たちでした。彼らがなぜ会社を辞めるのか、辞めた社員の真意を直接聞いてみませんか？」

「よし、わかった、聞こう」

しかし、実際に話を聞いてみると、さほど深く考えて退社したというわけではなく、「仕事上の一時的待遇」が退社原因の大半でした。

二〇〇〇年前後はまだバブル崩壊の後遺症で日本経済が厳しい局面に立たされていた頃

です。商社の二一世紀のビジネスモデルが見えずに「この業界の報酬には将来性がない」と判断したようです。

一方で当時はＩＴという新興産業が台頭していた時期でした。実際、話をした若者の中には退社後、インターネット広告会社を経て有名なＩＴ企業を起こした者もいました。

私は正面から持論を伝えました。

「君たちはまだ会社の仕事のわずかな部分しか知らない。わずか二、三年ぐらいで、仕事の何たるかがわかるはずがない。辞めたことが君たちにとってプラスになるかどうかは、これからの君たちの取り組み方次第だ。ぜひ頑張ってほしい」

私と話をして「辞めないほうが良かったかな」と漏らす若者もいたそうですが、退社そのものが良いことか悪いことかは一概には言えません。それを「良いこと」にするために、それぞれが真剣に取り組んでいけばいいのです。

出世より尊いこと

「最近の社員たちは管理職になりたがらない」という話を耳にします。わからないわけではありません。

高度経済成長期の企業と違って、今は給料が目に見えて上がるわけでも、先々が保証されているわけでもありません。将来、会社自体あるかどうかも不確かな時代に、仕事の責任を負ったり部下の面倒に心を砕いたりする役職に就くのは損だと考えるのでしょう。

しかし「管理職になりたくない」「昇進には興味がない」「エラくなる必要はない」という人たちは、そもそも「エラく」なったら何をやるのかがわかっていないのではないでしょうか。

世の中には、やってみなければわからないことがたくさんあります。管理職もいったんなってみたら、意外と自分に向いていたり、思わぬおもしろさを見つけたりすることもあります。

ただし、その際は真剣にやることです。私が「真剣にやれ」と言うのは、「木刀ではなく本物の剣でやりあったら血が出るくらいの覚悟でやれ」ということです。真剣に取り組んでこそ、その醍醐味を吸収できるからです。

私の経験から言えば、「エラく」なって損をすることはありません。管理職に就けば、仕事の幅が広がり、部下も増えます。それだけ自分の守備範囲が広がって大きな仕事ができるし、さまざまな人とのおつきあいも深まります。

だから昇進をわざわざ断る理由はない。大いに「エラく」なって仕事をどんどんやってほしい。

組織の論理として、そもそも能力のない人間に厳しい仕事をさせることはありません。能力があるからこそ厳しい仕事をさせる。例えば、うまくいっていない部署を立て直すために送り込むのです。

「つらい仕事ほど人間を成長させる」という私の考えからすれば、不本意な異動はむしろ好機と捉えるべきです。厳しい職場でつらい体験を経ることで、弱い立場の心情がわかるようになります。それは将来、仕事に生かされるし、リーダーになるための条件でもあります。

異動先の良し悪しなど、本人の情報不足や勝手な思い込みだけで、実際はどの部署に行っても運不運、晴れの日も雨の日もあります。

実際、私が入社当時希望した鉄鋼部門は、一時期長い不況が続き、栄枯盛衰を味わった社員も多かったはずです。半世紀にわたり繁栄を続ける業界は、世界を見渡しても百に一つもありません。会社人生も一寸先は闇、どちらに転ぶかわかりません。

とくに変動のめまぐるしい現代、入社から定年まで変わらず好調の会社や部署などないと思ったほうが賢明です。「栄転だ」「左遷だ」と自分勝手に決めつけても、長い目で見ればほとんど意味はありません。

かつて「サラリーマンは出世がすべて」と言われましたが、出世を目的にするとつらくなります。大企業の上層部にいても不幸せな人、小さな会社でも幸せに自分の人生を歩いている人は数多くいます。出世は結果であって目的ではありません。

努力はいつか必ず報われます。努力すれば、おのずと成果を得て給料にも反映します。私が言いたいのは「死ぬまで努力をすることこそが尊い」ということです。

自分を磨くことの楽しさを、仕事を通じて実感できるようになるのが人生の喜びだと思います。そのことについて次章でさらに考えましょう。

第五章

なぜあなたは働くのか
——わが仕事人生に悔いなし

「ワーク＝ライフ」という持論

「ワークライフバランス」という言葉がひと頃から使われるようになりました。「二一世紀の生き方」などと賞賛され、官民そろって盛んに広めようとしています。

ワークライフバランスを訳すと「仕事と生活の調和」。その本来の意味は、仕事の効率化で自由になる時間を増やし、その時間を使って仕事で成果を上げるために勉強と努力を続け、スキルを身に付け、そのスキルによって仕事をさらに効率化させて生活の充足を図るという好循環をつくることです。

ところが、この言葉を「私生活と仕事のどちらを重視するか」という取捨選択と解釈したり、あるいは「労働時間を減らして余暇に充てる時間を増やすこと」と受け取ったりする誤解が広まっています。

これは、仕事と生活をめぐる考え方の根本的な誤りです。人生において仕事と生活を二者択一的に考えるべきではありません。私に言わせれば、人間にとって仕事は生活そのもの、生活は仕事そのものだからです。

「お金が十分にあれば働くのをやめて、のんびり趣味に生きたい」という人が増えているようです。なかには仕事が忙しくて趣味が十分にできないから仕事を辞めてフリーターになるという人もいます。「趣味が目的であって、仕事は手段だ」と言う人もいます。

生活重視、大いにけっこう。それも一つの生き方です。

ただし、仕事をする中でストレス解消や心を解放するために趣味があるとしたら、仕事を一生懸命やるからこそ趣味があるのです。趣味だけを一生懸命楽しむのなら、それはもはや趣味とは言えないでしょう。

趣味礼賛の傾向が社会全体に蔓延すれば、ただでさえ弱っている日本の経済力が低下するばかりか、ついには精神的に病んでしまうのではないかとさえ危惧します。

一方、私生活を大切にする反動で、今の日本には「仕事人間」を軽んじる風潮が広まっているように感じます。「家族との時間や自分の趣味の時間をたくさん持つ人間が増えるのが豊かな社会の証拠だ」という価値観です。

しかし、本当にそうでしょうか？

人は「自由で楽しい」趣味の世界だけでは生きられないはずです。なぜか。人間にはもともと他者と競い合う本能が備わっているからです。人は勝ち取るものやクリアすべき課題があるからこそ前向きに生きていける。仕事こそがその課題そのものなのです。

私に言わせれば、「ワークライフバランス」という言葉自体がおかしい。ワークとライフはバランスを取るものではなく、人生において「ワーク＝ライフ」なのです。

誤解してほしくないのですが、私は「人一倍働け」と言っているわけではありません。遊びたい人はどんどん遊べばいい。休みたければ休めばいい。誰も命令していないし、また命令されるものでもありません。

私が言いたいのは、生活を重視してできる仕事は所詮その程度だということです。本書のテーマに沿って言えば、「仕事か生活か」という発想からは、まともな部長は生まれません。あるいは仕事をする充実感もおもしろさも味わえません。仕事は生活、仕事は人生だからです。

感動の共有に仕事の意義がある

本当に仕事が好きで好きでたまらない人は、趣味のためでなく生活維持のためでもなく、黙っていても働きます。「働くな」といっても働きます。会社の将来、日本の将来のためには、そういう人間を育て、増やす環境をつくることです。

働くのはお金のためだけではありません。仕事の本当の意義は、仕事で得た充実感や喜びを周囲の人と分かち合うところにあると私は思います。いつも一人で生き、孤独に生活していると、そういう感激を味わうことができません。

仕事をして取引先や周囲の人に喜んでもらいたい、拍手をもらいたいという気持ちは誰にでもあると思います。

けれども、一人で喜びを味わっているのなら、それは自己満足に終わります。本当の喜びとは、誰かがその喜びを共有してくれる、一緒になって喜んでくれることにあり、そこに仕事の感動があるのです。

自分のなしたことが人々に感動を与えたことで、自分もさらに感激、感動が深まる。そこにこそ人生の喜びがあるのではないでしょうか。

経営者にとっても従業員にとっても一緒に仕事をしている人たちが喜んでくれることが一番大事なことであり、働く意味の真髄はそこにあると思います。

この話を述べるとき、必ず思い出す場面があります。これまでも何度か書き記してきました。

私の社長時代、資源開発部の部長が、部運をかけてある海外への投資案件を経営会議に上げてきました。しかし実現するにはリスクが高く、詰めが甘い。会議では何度も否決されました。

そして四度目の会議のとき——彼の部下たちは固唾を呑んでそのゆくえを見守っていたようです。進むか撤退か。経営会議の決定を部長がVサインで伝えると、部署では全員が立ち上がって帰ってきた部長を拍手で迎えたということでした。

この話を後で聞かされたとき、私の胸にも熱いものがこみ上げてきました。そこには仕事を仲間と共にすることの感動、感激があり、仕事をする原点があるとあらためて思いました。

業務部で不良債権の洗い出し

私の社長時代に人生最大の決断を迫られたのは、業界で最大規模となる三九五〇億円の不良資産を一九九九年に一括処理したときでした。この案件はバブル崩壊後、会社が抱え込んだ土地やビルなどの莫大な不良資産を洗い出す作業から始まりました。

私は業務部の精鋭を中心に七、八人の調査チームを組織して、極秘で会社が抱える不良資産の実態を把握する作業に当たらせました。

彼らは通常通りの業務を行いながら、連日連夜、資産の洗い出しをし、毎週、私に結果を報告に来ます。そのたびに損失額が増えていきました。

「また増えたのか！　なんで一週間で、こんなに数字が悪くなるんだ。前の数字はなんだったんだ？」

社員は損失を出せば上司から叱責されるため、できるだけ損失を低く見積もる傾向があります。表面化する損失をまず出しておき、それ以外はそのうち景気が回復すれば、なんとか解消すると考えるわけです。

しかし、この際、膿はすべて出しきらなければ、いつまでたっても会社は危機を脱出できない。そう考えて肚を固めました。

「ほかにないか。あるものは全部臆さずに出せ。絶対に隠すな。徹底的にやれ。責任はおれが取る」

三ヵ月以上、調査は続きました。かなりのハードワークでしたが、担当部員たちは必死にやってくれました。保有資産の含み損は、当初表面に出てきた額の三倍ほどに膨れ上がりました。

私は過酷な仕事に取り組んでいる社員に向かって言ったものです。

「普通のサラリーマンだと経験できないような仕事を、授業料も払わずにただで経験できているんだ。その幸運に感謝しろ！」

彼らがその言葉をどう受け止めたか。素直に感謝したとは思えません。多くはおそらく憤然たる思いを抱いたのではないでしょうか。

けれども、それだけに一括処理の発表後、マーケットが開いて会社の株価が暴落せずにむしろ上がったとき、彼らの喜びは計り知れなかったと思います。

もう二〇年以上前のことですが、今でも当時の担当部員は年に二、三回集まって、私を囲む会を開いてくれています。長い結束です。

自分が本当に打ち込める仕事ならば、一日何時間続けてもいいんじゃないでしょうか。端からは大変そうに見えても、本人は知らぬ間に生き生きとしています。寝食忘れて仕事に没頭することがやりがいになっているのです。その姿を私は美しいと思います。

実態を反映していない「働き方改革」

その意味で、政府が二〇一九年四月から順次施行した「働き方改革関連法」には心底失望しました。

一九四七年の労働基準法の制定から七〇年ぶりとなる大改革なので、当初少しは期待したのですが、蓋を開けて仰天しました。この七〇年で世の中は激変し、今やスマホで仕事ができる時代だというのに、そういう時代の変化が何も反映されていないじゃないですか。

改革で最も重視されているのが「長時間労働の是正」です。残業時間の上限規制や年次有給休暇の取得義務が初めて法律に明記されました。違反した場合は、企業名の公表や刑事罰などが科される可能性もあります。

ただ「上限を超えた残業はダメです」と規制で一律に縛ることで、人々が働きやすくなるとは到底思えません。「もっと仕事をしたい」という意欲を持つ人に、十把一絡《じっぱひとから》げの規制を設けてしまっては、いたずらに労働意欲を奪うだけでしょう。

もちろん「残業時間なんて気にせず、いくらでも働かせろ」と言うつもりは毛頭ありません。規制がなければ労働者に長時間労働を強いるブラック経営者がいるのは事実です。弱い立場にいる人が安心して働けるルール作りの重要性は言うまでもありません。

しかし、高度成長を実現した日本企業の大きな武器は、世界に認められた信頼性にあります。その信頼の基になったのが、最後まで責任を持って仕事をする日本人の働きぶりであるということを忘れていないでしょうか。

残業が規制されれば、質より量へ気持ちが移っていくでしょう。仕事が粗雑でも時間内に早くこなしたほうがいい、となりかねません。メイド・イン・ジャパンの強みが失われていく可能性があります。

「もっと働きたい。早く仕事を覚えて、もっと大きな仕事をしたい」という日本人の勤勉さ。それに対して働き方改革は「残業をするな。とにかく早く家に帰れ」と一斉に職場を追い出しているようなものです。

経済産業省と経済界が旗振り役になって鳴り物入りで始まった「プレミアムフライデー」も結局、絵に描いた餅になりました。月末の金曜夜でも仕事をする人は相変わらず多いということです。

国の経済力は、生産年齢人口と設備投資の多寡にかかっています。日本は人口減少社会に突入し、イノベーションを起こす設備投資も不十分です。今こそ一人ひとりが努力して生産性を高める必要があります。

仕事をしていたら、気づかずに時間を超えることなんて日常茶飯事です。残業代ほしさの居残り組を除いて、部課長はすべて本人たちの裁量に任せて、残業したい人にはしたいだけやらせておけばいいじゃないですか。

大事なのは時間ではなく成果です。短い時間で成果が出るのなら、それに越したことはありません。いずれ成果をもとに賃金が支払われるシステムが広がってくるでしょう。すでに企業サイドはそういう方向に舵を切っています。

私の若いころは四六時中、仕事ばかりしていましたが、部下に作業を強制したことはありません。ただし、部下には「自分で考えて仕事せよ」と言ってきました。

自分で仕事と時間を管理して、苦境を乗り越えて結果を出す。その経験を重ねていけば、苦しい仕事も喜びに変わる瞬間が必ずあるからです。

労働者をロボット扱いするな

これだけ盛んに長時間労働の是正が叫ばれる背景にあるのが、相次ぐ過労死事件や過労自殺です。

しかし、過労死を防ぐために最も重要なのは、直属の部長によるケアです。過労死を減らすには、部長と部下の関係性こそ問題にすべきだと私は思います。

「一定時間以上は残業禁止」と法律で線引きをするより、部長が個人の体調や働き方を見守ってマネジメントするほうが、よほど過労死の防止につながると私は思います。

これまで述べてきたように、日本企業の強みはチームプレーです。夜遅くまで残業する部下がいたら、部長が「大丈夫か」と気遣わなければならない。どう見ても無理をしているようであれば、「顔色が悪いから今日は帰れ」と促すことです。

残業時間の上限規制と並んで「働き方改革」の柱とされているのが、「同一労働同一賃金」の実現です。これは正規・非正規の違いによる不合理な待遇格差の是正を目指すものです。

非正規社員をなくすことには賛成ですが、「同じ時間、同じ仕事をしているのだから同じ給料でいい」という考え方には賛同できません。

むしろ日本の労働環境でもっとも是正すべき点は、全員が同じ基準で、同じように働くという制度です。新卒学生が一斉に入社して、ほぼ一律の初任給。こんな国があるでしょうか。

同じ会社の同じ部署にいても、働き方や時間、成果は人によって違います。同じ営業職でも、一日中パソコンに向かっている人もいれば、ずっと外出している人もいます。夕方五時に帰宅する人もいれば、夕方からの酒席で営業する人もいるでしょう。

同一賃金を実現するのは簡単ですが、現実には同一の労働などほとんどありません。同一労働同一賃金が正しく機能するのは、ロボットのように単純労働させた場合だけです。斬新な発想やアイデアが必要とされる時代に、労働者をロボット扱いしてどうするんですか。

日本人の働き方を改革するには、業績評価主義の導入が必須です。残業代は一時間につき一律二五％増しといったルールは一切なし。自分の仕事の内容と賃金を年収ベースで部長と個別に相談して決めるわけです。

労働時間ではなく、能力主義の仕事となれば、残業時間を気にせず、自分なりに一生懸命働いてもらえればいいと思います。

現場の実態と乖離した「働き方改革」は、現実には機能しないでしょう。実際の労働実態をつぶさに調査、分析して、現場の実情に即した法律になるよう一定の時間をかけて修正していく必要があります。

「私は長時間労働や一定時間以上の残業はしません」

「労働時間を減らして、家族や趣味に充てる時間を増やします」

そんな仕事の仕方では、まともな部長の仕事はできないでしょう。アメリカのビジネスマンのように早く帰宅して、夕食を家族一緒に食べて、子どもらと遊んで……そんなことで成功すると思っていたら大間違いです。しかも前述のように、アメリカのエリート・ビジネスマンは帰宅しても猛烈に勉強しています。

あちらにもこちらにもいい顔をして、みんなに好かれて、誰にも迷惑をかけずに、私生活とのバランスもよく過ごして……そんな仕事の仕方で部長として成功する世界は、この世に存在しません。

自分の担当以外のことは考えていない

実際、私は部長時代にいったい何を考え、何をしてきたのか。

もう数十年も前のことで、多くは忘却の彼方です。この機会に当時の日記や書類を引っ張り出して目を通してみました。

唖然としました。課長時代はもちろんのこと、部長時代も自分の担当部署以外のことをほとんど何も考えていないじゃないですか。

「おいおい、おれはもうちょっと会社全体のことを考えてたんじゃないのか？」

一般に部長の職にある者なら会社の業績や将来を考えて、と思われているかもしれません。

いやいや、日記を見る限り、考えているのは自分の直面している責任範囲のみで、それ以外のことは頭にありません。そもそも会社全体の情報が入ってきていません。

もちろん、人によっても違うし、同じ部長でも部署によって異なるでしょう。しかし基本的に課長は自分の課の仕事以外何も考えていないし、部長も考えているのはもっぱら自分の部のことであり、会社全体のことは関心の外にあります。

要するに部長クラスまでが考えることは、みんな自分の目の前のことです。自分がどれだけ勉強して、どれだけ業績を積んで、どれだけ人よりも褒められるか、です。

部長は部下より暇でも忙しくてもダメ

部長は目の前の仕事以外何もしていない――実はこれ、半分正しく、半分ウソです。

私が課長だったとき、会社でいつも寝ていると思われながら、それでいて会社からの評価は高い本部長がいました。

毎日、机の上に足を載せて腕を組んで目をつむっている。夜になると、「おい、帰るぞ」と銀座のバーに繰り出して行きます。翌朝、出社すると、また目をつむって寝ています。


この人はいつ仕事しているんだ？

気になって、ある日尋ねてみました。

「本部長、そんなに毎日寝ていて何をしているんですか？」

「おまえ、おれが寝ていると思うか。おれは考えているんだ」

「考えているって、寝ているように見えますよ」

「おれは相場師だ。相場たるもの、勝負のときは一年三六五日のうち二、三回だ。ピンときたら、そこからニュースを追い、情報を集め、動向を見守る。そして今だ！　と思ったときに勝負をかける。言ってみりゃあ、〝一年を三日で過ごすいい男〟だ」

この上司は確かに相場師として大変な人でした。私もニューヨークで穀物相場を手掛けていたのでわかります。毎日売ったり買ったりするのは相場師としてはヘボの極み。そんなことをしていては、儲かるものも儲かりません。

本当の相場師は勝負どきにしか動きません。だから「一年を三日で過ごすいい男」。なるほど言い得て妙です。

その本部長は大きな投資で会社に貢献し、評価もされていました。取締役になって亡くなられましたが、人間的にも立派な方でした。

私が部長になったときに「本当の相場師」のことを思いました。出来の悪い相場師と一緒で、バタバタと毎日忙しく動き回っている部長にまともな部長はおりません。

「一年を三日で過ごす」とは言いません。日々の仕事は「これ、間違いなくやれよ」と部下に任せればいい。でも本当に部長が表に出て、部全体をリードしていく大きな仕事は一年に二、三回、日数にして一ヵ月ほどではないでしょうか。

だから「いい部長は一年を一ヵ月で過ごす」。残りの一一ヵ月はどうするか。例えば情報を集めて分析したり、本を読んで教養を蓄積したり、取引先をぶらりと訪ねたり。あるいは部下がどういう仕事をしているか、机の上に足を載せて、目をつむって見ることなく見ていればいいんです。

「私は毎日、懸命に仕事をしています」

それは私に言わせれば、部長のあるべき姿ではありません。なかなか難しいことですが、部長は部下よりも忙しくてはダメです。部全体の状況をつかめず、いざというときに冷静な判断ができません。

かといって部下より暇でもダメです。普段は暇でも、いざというときは部下よりもはるかに忙しい。忙し過ぎても、暇過ぎてもダメ。この塩梅《あんばい》が非常に難しい。

ご自分も振り返って考えてみてください。「自分は一年を何日で過ごしているかな」と。

アイデアがひらめくヒント

一年を一ヵ月で過ごす部長の「残りの一一ヵ月」は、体を張ってやる勝負の一ヵ月のためにあると言ってもいいと思います。

「ナイトサイエンス」という言葉があります。ノーベル物理学賞を受賞した江崎玲於奈さんの言葉と言われています。

私なりに説明すると、すでに形になった論理や知識を「デイサイエンス」(昼の科学)とするなら、「ナイトサイエンス」(夜の科学)はいまだ言語化されていない直感と感性に属するものです。

人間の五感を超えた第六感と言い換えてもいいかもしれません。ブレイクスルーにつながるようなイノベーションは、ナイトサイエンスをきっかけに生まれることが多いかもしれません。

私たちの仕事においても、このナイトサイエンスは非常に重要です。

一つの案件をじっと考えているときではなく、ワイワイガヤガヤの酒席にいるとき、部下と雑談しているとき、ちらっと何かが頭をかすめていくことがあります。そのときに「待て！」と頭の中で引き留めます。それがアイデアの素になります。

自分とはまったく違う分野の担当と情報を交換しているとき、別の業界で活躍している人と会話しているとき、あるいは仕事とは全然関係のない本を読んでいるとき、ふっと頭に浮かぶ。それをパッと捕まえられるかどうか。場合によっては、それが仕事や人生を左右します。

通り過ぎていくものをつかむのは能力ではなく、四六時中そのことについて思いを巡らせて感度を高めているかどうかにかかっています。

考えているからこそつかめる。もし考えていなければ、いくら目の前を通っても気づかないか、気づいてもうまくつかめません。つかめないのは情報の質や量の問題ではなく、つかめるほど考えていないというだけです。

私の部長時代にも若い部下とお酒を飲んでいるときに、ふっと気付かされることがありました。

「これはちょっと考えておかなきゃいけないな」

「あのお客さんのところに、明日もう一回行ってみよう」

「あそこにこの話をしたら、意外といけるかもしれない」

それはビジネスのことだったり、人事のことだったりします。そういう時はさっとメモ帳に書き留めておきます。

ある案件について始終アンテナを高く掲げていれば、自分とは異なる視点や考え方に遭遇したときにパッとひらめくときがあります。

これが会社という組織の強みです。さまざまな人間がいて、いろいろなことを話し、そして考えている。それが絶えず交わっているために化学反応が生じる。企業が成長する秘訣はそこにあると思います。

アメリカのシリコンバレーの強みは、職種も専門も国籍もまったく異なる人間が集まって、ああでもない、こうでもないと自由にコミュニケーションをしているところにあります。そうした積み重ねがいざというときにひらめきに化けて、ジャンプアップのきっかけになるのです。

同じ世代や業界の人とばかり付き合っていたのでは、発想が平板化、没個性化していきます。いろいろな仕事を見聞する、いろいろな本を読む、いろいろな人と付き合う。それぞれアイデアを育む土壌となります。

テレワークや「AI」でできないことこそ「部長の仕事」

そういう意味で、新型コロナウイルスの感染拡大を受けて、政府や経済界が盛んに推奨しているテレワークや在宅勤務は大きな問題をはらんでいる、と私は思っています。

通勤時間や通勤代がカットできる、オフィスのコストが節約できる、フレキシブルな勤務形態が実現できる、それはそれで結構ですが、仕事の本質はそれとはまた別のところにあります。

私の考えをちょっと大げさに表現するならば、

「会社に出てこなくていいから仕事をしろ」ではなく、

「仕事はしなくていいから全員、会社に出てこい」です。

人間は「集まる」から力を出せるのです。人と会うことで学び刺激を受ける。先輩や上司、お客さんとのやり取りを通して会社員として成長します。ナイトサイエンスに基づくひらめきやアイデアも生まれます。そういうことすべてを通して会社は発展するのです。

今はテレワークによる利点のほうに焦点が当たっていますが、中長期的にはその弊害がボディブローのように効いてくるのではないでしょうか。

感染拡大に伴ってテレワークを導入する企業は相次いでいますが、ヨーロッパではさらに在宅勤務の法制化が始まり、アメリカの企業では在宅勤務の恒久化を決める例が相次いでいるそうです。

「在宅勤務は生産性の向上につながる」という指摘がありますが、決定的な研究結果はなく、現場でも評価が分かれています。

内閣府の「新型コロナウイルス感染症の影響下における生活意識・行動の変化に関する調査」（二〇二〇年六月）によると、テレワークなどの導入で仕事の効率性や生産性が「増加した」との回答は合計九・七％なのに対し、「減少した」と答えたのは合計四七・七％、「概ね変化ない」は三五・六％でした。

またＮＩＲＡ総合研究開発機構の「第2回テレワークに関する就業者実態調査報告書」（同年八月）では、テレワークの利用によって「仕事の効率は変わらない」という回答が最も多く、全体を平均すると仕事の効率は低下したとの結果が出ています。

やはり対面型のコミュニケーションを重視する企業は多く、スティーブ・ジョブズも「創造性は自然発生的な会合やランダムな議論から生まれる」と語り、テレワークの限界を指摘しています。

会社は空間の提供だけでなく、知性と感情と意志を育み、活力と感動と発想を生み出す場でもあるのです。

そして人間が人間に対して何かを本気で伝えようとするときは、褒めるときも、叱るときも、面と向かって言葉を発しなければ相手の心に届きません。肉声の持つ効果、直接顔を合わせる効果は大きい。シンプルなことですが、根源的なことでもあります。

前述の内閣府の調査で回答者がテレワークの不便な点として挙げたのは、多い順から「社内での気軽な相談・報告が困難」（三四・五％）、「取引先等とのやりとりが困難（機器、環境の違い等）」（三四・〇％）、「画面を通じた情報のみによるコミュニケーション不足やストレス」（二七・一％）でした。

人材養成において、私は「リーダーは背中で語れ」「部下は上司の背中を見て育つ」などと説いてきました。部長は伝えたいことは言葉だけではなく、自分の日ごろの態度、日常の生活で示せ、ということです。それだけ部下は部長のふるまいを実によく見ています。

しかしテレワークで部下は部長の「背中」をどうやって見るんですか。

パソコンもオンラインもＳＮＳも、あくまで便利な道具であり手段です。どんどん利用できるだけ利用し尽くせばいいと思います。

それはしかし、仕事をサポートする道具として必要なときにうまく使えばいいのであって、それが職場にそのまま代替できるとは思えません。

今後、ＡＩ（人工知能）やロボットが職場に導入されます。ＡＩができる仕事はＡＩに任せればいい。それはもはや部長の仕事ではありません。人間にしかできない仕事、それがこれからの部長の仕事になるのです。

何度も繰り返しますが、会社の最大の資産は人であり、日本の企業の強みはチーム力にあります。働く意味は、仕事での達成感や喜びを他者と分かち合うところにあり、仕事を通して培った絆は一生の財産になります。

テレワークやAI、ロボットには、そうした縁が結ぶ絆を期待できません。ましてや次に述べる「死なば諸共」のような関係は、決して築き得ないと思います。

部長として成功する秘訣

部長として成功するかしないか。部長が昇進して、本部長なり、役員になっていく条件は何でしょうか。

それは自分と一緒に死にものぐるいになって仕事に打ち込む部下がいるかどうかにかかっていると私は考えます。

私はそれを「死なば諸共」と表現しています。

この部長とならば自分は一緒に死んでもいい。共に働いて昇進できるか、給料が上がるかなんてわからない。部長自身、将来出世するかどうかもわからない。だけど、この部長だったら自分は命と身体を預けて一緒に仕事をしたい。失敗しても悔いはない――。「死なば諸共」とは、そんなふうに苦楽、進退を共にして臨む覚悟のことを指しています。仕事でもお金でもない。人間と人間、人生と人生の交わりです。

「死なば諸共」とは、まことに物騒な言い方です。けれども例えば会社が存亡の危機に直面したとき、もし社内で自分が事に当たる立場にあるのなら、身命を賭して仕事をする人間はいます。

そして、そうした志を同じくする者がいれば、「死ぬときは一緒だ」という思いを共有することはあり得るのです。

「この部長のためなら」と思って自分のもとで働く人間がいれば、部長としての成功は半分約束されたものではないでしょうか。これは部長にとって「成功の秘訣」であり、「醍醐味」でもあると言ってもいいでしょう。

要するに、部長が成功するかどうかは、その能力でも業績でもなく、どういう部下と働くかにかかっている、ということです。

運命を共にする部下は何人も必要ありません。教育して育てるわけでもなければ、それによって自分の派閥をつくるわけでもありません。

もちろん、その部下にもよります。だから自分に近づく部下を見極めることが大事になります。

おべんちゃらを弄したり、中元や歳暮で取り入ろうとしたりする輩は最初から相手にしません。自分の業績を自慢したり、経歴をアピールしたりしても無駄です。上司に認められようとして仕事をするタイプも失格です。

そういうことは一切考えず、ひたすら自分に与えられた仕事に精を出し、一心不乱に取り組んでいる。自分なりの信念を持ち、場合によっては先輩や上司とけんかをする。そういう気骨のある部下を見出すことです。

しかし、このことは部下の側から言えば、「この部長のためなら」と惚れ込むことのできる部長を見出せるかどうかで自分の会社員人生が左右されるということです。そういう部長を部下が見出せるかどうか。

いや、「見出す」と言うより、遭遇できるかどうか。そういう出会いはどこか運命的なものかもしれないからです。

敬愛すべき上司は必ずいる

私はそういう上司と巡りあうことができました。一緒に仕事をした当時はそんなふうには不思議と考えもしなかったけれども、後で考えてみれば、まさに「死なば諸共」の関係でした。

私がニューヨーク駐在時代、穀物相場で巨額の含み損を出して打ちひしがれ、辞表を出そうと考えていた時、「辞める時は一緒だぞ」と明るく声をかけてくれたのが、東京の食料部門の上司でした。彼は本社からの叱責の矢面にも立ってくれていました。

「理想のリーダーは愛され、かつ恐れられなければならない」というのは私のリーダー論ですが、「愛され、かつ恐れられるリーダー」というとき、私が必ず思い浮かべる人物です。

私だけではなく、とにかく私を含めた周りの人たちに、こよなく愛されていました。純粋で楽しむときは子どものように楽しみ、喜ぶときは心の底から喜ぶ。そばにいるだけで周りが明るくなり、裏表のない人柄は多くの部下の信頼を集めていました。

一方で、仕事には大変厳しかった。特にごまかしたりうそをついたりといったことは決して許しませんでした。

失敗して自分で落とし前をつけないような人間は徹底的に軽蔑する。ご機嫌取りなど通用せず、きちんとした仕事を全力でしない限り、すぐに見破られてしまう。そんな厳しい上司として恐れられていました。

私自身、いつしかそんな彼の姿をリーダーの模範としてきたように思います。次期社長と目されていましたが、不幸にも専務時代に出張先で事故死されてしまいました。

あなたは言うかもしれません。

「自分の周りに、そんな上司はいないよ」と。

いや、います。人間が生きている社会の中には、そういう人物が必ずいると私は断言します。いないように思えるのは、あなたがまだ遭遇していないか気づいていないだけです。

では、そういう上司にどうしたら巡りあえるのか。それはあなたが目の前の仕事に脇目も振らずに打ち込んでいるかどうかにかかっています。

あなたは営々と仕事に取り組む。そういう姿を見ている上司が必ずいます。

「あいつはいつも文句ばかり言って生意気だけど、仕事は手を抜いていないな」

「彼は無口で何を考えているかわからないけれど、なかなかやるぞ」

別に直属の上司じゃなくてもかまいません。異なる部署にいる、見ず知らずの上司が「おお、あいつはいいな」とひそかに思ってくれることもあるでしょう。取引先から「彼の仕事ぶりは大したもんだよ」と認められることだってあります。

あなたはそんなことを知りません。ただ、自分の仕事に心血を注ぐのみ。そのうちに歯車と歯車がかみ合うように機会が訪れます。「この人となら一緒にやりたい」と思う相手に出会います。それがあなたの人生のターニングポイントです。

出会いに方法論はありません。ただひたすら自分の仕事に精進する以外はありません。そこから先は天の配剤、私の言う「サムシング・グレイト」の領域です。

絶対にうそをつかない、裏切らない

副社長時代のファミリーマート買収は、前述したように社内外からの反対をも押しきって実現した投資事業でした。そこに至るまでには、この案件を進めるために、買収へのプロセスや株取得後の事業展開などについて、食料部門や関係部署の部下たちと秘密裏に話を詰めていました。

会社始まって以来の巨額の投資案件です。失敗すれば、ただではすみません。社内における最終段階の本社経営会議には私も肚を決めて臨むつもりでした。

そのとき、行きつけの普通のメシ屋に、それまで一緒にこの案件を推進してきた中堅、若手の部下たち数人を集めて、この事業をやり抜く覚悟を再確認しました。士気を高めるための意思統一です。

「この案件は絶対にうまくいく。本気でやるぞ。おまえたちもそのつもりでついてこい。万が一失敗したら、もちろんおれが責任を取るが、おまえたちも覚悟をしておけ。おれがもし伊藤忠を辞めてファミリーマートの社長になったときは一緒について来てほしい。この会社にいるよりも、ずっと楽しく仕事ができるぞ」

もちろん、彼ら自身、必ずうまくいくと信じているからこそ、私についてそこに集まっているわけです。「やっとここまできたか」と部下たちはお酒の勢いも手伝って、かなり高揚していました。

上司と部下の関係は、もちろん会社のために仕事をすることが基本ですが、「この人のために仕事をしよう」「この人が辞めるなら自分もついていこう」という人間同士の信頼関係は、人生においてもかけがえのない財産になります。

それは社内だけではなく、社外との人間関係にも言えることです。私には社外にも「死なば諸共」と言えるような、信頼関係で結ばれている人が何人かいました。

人生を左右する重大な決断をするときには必ず助言を得る先輩がいました。私が社長になるときには、発表までワイフにも言わず、ただ一人、事前に相談した方でした。

もちろん、二人の間柄を確認したことはありません。けれども私はわかっているし、相手もわかっている。そういう関係でした。

基本にあるのは、絶対にうそをつかないこと、絶対に裏切らないことです。損得を別にして力の限り尽くすことです。

仕事のために誰かが犠牲になる

私の部課長時代は「目の前の仕事に打ち込んで、それ以外は何も考えていない」と書きました。振り返って、客観的に見れば、それは何を意味するのでしょうか。

部課長時代と言えば三〇代後半から五〇代初め、子どもの教育をはじめ家庭にとっても重要な時期です。たとえば子どもの入学式、卒業式、運動会とさまざまな行事がありま す。

しかし、私はそうした行事には一度も顔を出したことがありませんでした。部課長時代の十数年間、家族連れで出かけた行楽地は、記憶している限り一ヵ所か二ヵ所です。学校や地域の行事、家族サービスのためにいちいち出かけていたら仕事はできません。文字通り仕事以外は何もしなかったわけです。

たとえばニューヨーク駐在時代、ワイフが妊娠して子どもを産んだとき、病院にはワイフ一人がタクシーで行きました。出産を控えたワイフを放っておいて、私は飛び込み営業のために車で走り回っていました。入院して次女が産まれても、一度も病院に行くことはありませんでした。

あまりのことに病院の担当医から忠告の電話がかかってきたことがありました。

「あなた、奥さんがかわいそうです」「周りからシングルマザーだと思われていますよ」

それで心を入れ替えて病院に行ったかと言えば、やはり行きませんでした。アメリカ人なら百パーセント離婚でしょう。いくらスーパーエリートのビジネスマンでも、そこまで私生活を無視はできないと思います。

仕事以外のことは、子どもの教育も、マイホームの建設も、資産の管理も、すべてワイフ任せでした。

要するに彼女は私の仕事の犠牲者でした。でも当時は無我夢中で、そんなふうには露ほども思っていません。振り返れば、という話です。

だからワイフには死ぬまで頭が上がりません。

彼女だけではありません。母親が大阪の病院で危篤状態だったとき、私はちょうど大阪で講演に臨むところでした。開始直前に兄貴から電話がかかってきました。

「すぐ来てくれ。今来れば、何とか間に合うかもしれない」

講演に代理は立てられず、私がやらなければなりません。誰にも事情を話すことなく、私は演台に立ちました。講演が終わったら、

「ちょっと急いでますので」

と関係者にあいさつもせず病院へ駆けつけました。しかし、間に合いませんでした。

「おまえ、いったい何していたんだ！」

と兄貴に怒られました。

「仕事だったんだ。何とか間に合うだろうと思ったんだけど」

「おふくろはおまえの名前を呼んでたぞ」

心臓がぎゅっと縮みました。けれども一方で、

「おれの母親なら、おれの気持ちをわかってくれるだろう」

とも思いました。もしも母親が生き返ったら、

「いくら言っても帰ってこないところが、まあ宇一らしいな」

と言うだろう。

もともと両親から「絶対に名古屋を離れるな」と命じられながら、地元のしがらみを避けて、入社時の人事部長には「名古屋以外ならどこにでも行きます」と言って故郷を離れた息子でした。

「親の言うことを一つも聞かずに、おまえは本当にどうしようもない」が親の口癖でした。

最後の最後までそれは変わりませんでした。

母親の死に目に会えませんでした。母親もやはり私の仕事の犠牲になったのだと思いま

す。

仕事人生に悔いはない

さて、こうした私生活の裏話を通して何を伝えたいかと言えば、

「仕事一筋になれば、その陰で誰かがあなたの犠牲になっている」

ということです。逆にいえば、誰かが犠牲になるほどでなければ、何かに全身全霊をかけることはできない。誰かを犠牲にしてまでやらない限り、まともな仕事はできない、と言ってもいいと思います。厳しい言い方をするなら、個人的犠牲者が出ないようなら、その程度の仕事しかしていない、ということになります。

新人時代の仕事、あるいは役員の仕事は誰も巻き添えにすることなくできます。ところがその間に位置する時代は徹底的に仕事一色になります。何かをあきらめなければ、人の上に立つ役職をまっとうすることはできません。

言ってみれば、それは「誰かを犠牲にする役職」です。自分の仕事のために周囲は巻き添えを食らう。それでも徹底的にやる。それだけその期間の仕事は人生の柱になるということです。

「誰かが犠牲になる」とは「死なば諸共」とともに物騒な表現ですが、私の体験から出

た正直な思いです。

私が言った「死なば諸共」とは、自分が仕事に打ち込む中で、自分と同じ価値観、同じ人生観を持った部下と共生することを意味します。考え方によれば、その部下は上司の犠牲者とも言えます。

自分自身にしても、当時は気が付いていませんでしたが、今思うとおびただしい数の部下が私の仕事のとばっちりを受けていたのではないでしょうか。組織のリーダーとして事を推し進めていく上で、同僚に困難を押し付けてでもやらなければできない仕事も多々ありました。

私が敬愛し「死なば諸共」と思った上司のことを書きました。言ってみれば、私は彼の犠牲者だったのかもしれません。

「おい、丹羽、これをやっておけ。頼むぞ。責任はすべておれが取る」

上司はそう言って、厳しく難しい仕事を私に全面的に任せました。彼にしてみれば、私を育てているというつもりだったと思います。そのことをどう受け止めるかは、私の問題であり、私が判断することです。

「なんでこんな厄介な仕事を押し付けるんだ」と腹を立てるのか、

「こんな重要な仕事を任せてもらえた」とありがたく思うのか。

私は後者でした。「この人のためなら」というくらい価値観と人生観がぴったり合った上司から仕事を任されたことに、しびれるような生きがいを感じました。そして全身全霊でその仕事に取り組みました。私にとって、犠牲は会社のためではなく、個人への献身でした。

では、家族や部下を犠牲にして仕事人として生き抜いたことを、私が後悔しているかといえば、まったくそんなことはありません。

もう一度同じ状況に立ち至っても、私は再び同じことをするでしょう。生まれ変わっても、やっぱりこの生き方を変えないと思います。

「これはおまえにやってもらいたいのだ。すべて任せるから最後までやってくれ。頼むぞ」そう言われれば「よし、やるぞ」。これが私の生き方です。

そういう生き方が良かったかどうかはわかりません。自分の生き方というものがあり、それは遺伝子なのか、性《さが》なのか、運命なのか、誰になんと言われても如何ともしがたい、というだけのことです。

周囲を巻き込んで多くの方々に多大な迷惑をかけたはずです。しかし仕事においても、人生においても、自分の心に恥じるような、そして皆さんの心に許されないような裏切りや卑劣な行為だけは断じてしない生活をしてきたことは記しておきたいと思います。

最後に「わが仕事人生に悔いなし」と明記しておきます。

そして、自分の心に忠実に生きる。その生き方だけは、短い最後の年月まで全うしたいと思います。

おわりに

日本の未来について確実に分かっていることが二つあります。

人口減少と高齢化です。人口推計にはさまざまな試算がありますが、現在約一億二六〇〇万人の日本の人口が、単純計算すれば、今後、毎年数十万人の単位で減っていきます。鳥取県の人口が約五五万人なので、県単位の人口が減っていく勘定です。

人口減少社会はこれから本番を迎えます。東西ドイツの統一直後に人口が激減した東ベルリンを訪れたとき、私はひとけがなく静まり返った街を見て「人口が減るとはこういうことか……」と恐怖に近い感覚を覚えました。

本書で何度も繰り返したように、人は集まるからこそ、そこに活力と新しい発想が生まれます。性別や世代、性格、考え方が違う人間が交わり結びつくところからイノベーションが起こるのです。

集まる人がいなければ、その社会は衰退あるのみです。高齢化によって生産年齢人口が減り続ければ、経済成長も期待できません。

移民政策を訴える声もありますが、これには大きな課題があります。世界有数の災害大国で、同調圧力が強く排他的な日本は、外国人にとって住みやすい国とは言えません。移民を受け入れるには、まず日本人と外国人が対等に暮らせる国にする必要があります。どうすればいいか。

私が提唱するのは、国費で若者を海外に送り出す政策の導入です。国籍も人種も生活様式も価値観も異なる人間と自由に交わり、日本人にグローバルな意識を根付かせるのです。

要するに私が部長時代に実践したことです。入社して四年以内に社員全員を最長二年の海外研修に出す。このシステムはやがて社内で制度化されました。

日本の人口減少と高齢化を現実的に食い止める唯一の方法は、私が部長時代にやった海外派遣制度の政策化しかないのではないか――。

またもや自画自賛、我田引水の老い語りとなりました。他意はありません。部長にはそれだけのことを発想し、実現する役割と権限があることを伝えたいのです。

社会環境とともに私たちの価値観も変わりつつあります。複数の世論調査によると、日本と米国の国民の六割前後が「民主主義に基づく政治制度は信頼できない」と答えています。私たちの社会を支えてきた規範が根底から揺らいでいるのです。

世界経済フォーラム（WEF）は二〇二一年初夏にスイスで開催する年次総会のテーマを「グレート・リセット」と決めました。ポストコロナ社会は「新しい秩序」による価値観の大転換期を迎えています。

これからの社会、これからの企業、そしてこれからの部長には、リセットされる世界を見据えた、地球規模の大きな構想力が求められるのです。

最後になりましたが、本書の完成には社内外の関係者に多大なご協力をいただきました。またフリーライターの片岡義博氏、メディアプレスの岡村啓嗣氏、講談社学芸部の丸山勝也氏のご支援をいただきました。あらためて心より御礼申し上げます。

丹羽宇一郎

二〇二〇年一〇月

講談社現代新書　2593

部長《ぶちょう》って何《なん》だ！

二〇二〇年一一月二〇日第一刷発行　二〇二〇年一二月一六日第二刷発行

著者　丹《に》羽《わ》宇《う》一郎《いちろう》　© Uichiro Niwa 2020

発行者　渡瀬昌彦

発行所　株式会社講談社

東京都文京区音羽二丁目一二—二一　郵便番号一一二—八〇〇一

電話　〇三—五三九五—三五二一　編集（現代新書）

〇三—五三九五—四四一五　販売

〇三—五三九五—三六一五　業務

装幀者　中島英樹

印刷所　株式会社新藤慶昌堂

製本所　株式会社国宝社

定価はカバーに表示してあります　Printed in Japan

N.D.C.336　201p　18cm
ISBN978-4-06-521664-4

「講談社現代新書」の刊行にあたって

教養は万人が身をもって養い創造すべきものであって、一部の専門家の占有物として、ただ一方的に人々の手もとに配布され伝達されうるものではありません。

しかし、不幸にしてわが国の現状では、教養の重要な養いとなるべき書物は、ほとんど講壇からの天下りや単なる解説に終始し、知識技術を真剣に希求する青少年・学生・一般民衆の根本的な疑問や興味は、けっして十分に答えられ、解きほぐされ、手引きされることがありません。万人の内奥から発した真正の教養への芽ばえが、こうして放置され、むなしく滅びさる運命にゆだねられているのです。

このことは、中・高校だけで教育をおわる人々の成長をはばんでいるだけでなく、大学に進んだり、インテリと目されたりする人々の精神力の健康さえもむしばみ、わが国の文化の実質をまことに脆弱なものにしています。単なる博識以上の根強い思索力・判断力、および確かな技術にささえられた教養を必要とする日本の将来にとって、これは真剣に憂慮されなければならない事態であるといわなければなりません。

わたしたちの「講談社現代新書」は、この事態の克服を意図して計画されたものです。これによってわたしたちは、講壇からの天下りでもなく、単なる解説書でもない、もっぱら万人の魂に生ずる初発的かつ根本的な問題をとらえ、掘り起こし、手引きし、しかも最新の知識への展望を万人に確立させる書物を、新しく世の中に送り出したいと念願しています。

わたしたちは、創業以来民衆を対象とする啓蒙の仕事に専心してきた講談社にとって、これこそもっともふさわしい課題であり、伝統ある出版社としての義務でもあると考えているのです。

一九六四年四月　野間省一

哲学・思想Ⅰ

哲学・思想Ⅱ

世界史Ⅱ

J